일본 누드 문화사

차례
Contents

서문

    여배우들의 누드 사진이 연일 스포츠 신문을 도배하는 것도 모자라 인터넷과 모바일 미디어로도 누드 동영상을 손쉽게 볼 수 있는 그런 시대에 우리는 살아가고 있다. 거기에다 요즘은 '헤어누드', '헤어누드 사진집'이라는 이상야릇한 말까지 통용되고 있는데, 처음에 이 말을 접했을 때, 헤어의 의미에 당황했던 기억이 있다. 나중에 알고 보니 '헤어누드(hair nude)'란 배우의 전라 사진을 가리키는 말로 일본의 인기 여배우 미야자와 리에가 누드 사진집 『산타페』에서 음모를 드러낸 전라의 사진을 게재하면서 기존의 누드 사진과 구분하기 위해 사용된 단어라고 한다.

    이렇게 오늘날 누드는 미술 작품보다는 여배우의 사진집으로 더 친숙한 단어가 되어버렸다. 미술 잡지나 미술관 한 귀퉁이를 장식하고 있는 조형 미술로서의 누드는 우리의 눈을 자극하지 못하고 있다. 그러면서 더 이상 누드가 예술인가, 외설인가 하는 고리타분한 논쟁은 하지 않게 되었다. 우리가 의식하지 못하고 있는 사이에 누드가 우리 생활과 의식 속에 파고들어온 것이다. 그런데 조형 예술로서의 누드가 처음 한국 땅을 밟았을 때는 어떠했을까? 물론 지금처럼 아무렇지도 않은 듯 받아들여졌을 리는 만무하지만, 그렇다고 옆 나라 일본처럼 벌집을 쑤셔놓은 듯 떠들썩한 것도 아니었다. 왜냐하면 누드를 신문에 게재하거나 일반인에게 공개하는 것을 아예 상상조차 할 수 없었기 때문이다. 우리보다 일찍 서구를 향해 문을 열었던 일본에서도 누드가 수용되는 과정은 그리 순탄하지 않았다.

서구 문명을 수용함으로써 근대 국가로서의 면모를 갖추기 시작하던 메이지 시대, 일본에 불어 닥친 문명개화의 바람은 일본의 정치 체계는 물론, 문화, 사회 전반을 서구화라는 수레에 싣고 달리기 시작하였다. 이는 도쿠가와 봉건 체계에서 서양의 정치 구조와 물질문명을 도입하여 근대 국민국가의 실현을 의미하는 것으로 미술 분야도 예외가 될 수 없었다.

서구 열강과 어깨를 나란히 하는 근대 국가 건설을 위해 고군분투하던 메이지 정부가 서양 미술을 도입한 것도 서양 기술 도입이라는 측면에서 장려된 것이었다. 매우 궁색한 재정으로 국정을 운영해야 했던 메이지 정부가 서양 미술을 위한

학교를 설립했을 정도로 서양 미술 수용에 적극적인 태도를 취한 것은 이러한 이유에서였다. 기하학, 해부학, 원근법, 음양법 등을 사용하여 마치 사진처럼 사물의 모습을 정밀하게 재현하는 서양 미술을 fine art가 아닌 기술로 인식하였던 것이다.

일본에서 서양 미술에 대한 논의가 본격적으로 시작된 것은 공부미술학교 출신으로 해외 유학을 떠났던 유학파가 속속 귀국하기 시작한 1890년 전후로 종합예술잡지 『미술원(美術園)』(1889)이 창간되고 서양 미술 단체인 메이지미술회가 결성되면서부터라 할 수 있다. 그러면서 서양 미술은 일본 문화와 충돌을 일으키기 시작하였다. 그 중 가장 첨예한 문제로 대두된 것이 누드였다. 누드를 예술로 승화시키는 미술의 전통을 가지고 있지 않은 일본에서, 누드를 두고 최상의 미의 구현이라고 말하는 서양 미술가들의 주장을 그대로 수용하기란 무척 어려운 일이었던 것이다.

누드가 일본 사회에서 표면화된 것은 1889년경으로, 소설 속에 삽입된 한 장의 삽화가 문제의 발단이었다. 물론 그 이전에도 메이지미술회를 통하여 비공식적으로 누드가 제작, 전시된 적이 있지만, 공식 매체에 누드가 등장한 것은 일본에서 처음 있는 일이었다. 누드의 등장에 서양 미술을 전공하는 사람들조차도 시기상조론을 이야기할 정도로 그것은 일본 문예계를 뒤흔드는 논쟁거리가 되었다. 누드 문제가 공론화되었던 1889년은 사회적으로나 미술계로서도 참으로 의미 있는 해였다. 그 해에 일본제국헌법이 발표되고, 일본 최초의 국립미술학교로서 도쿄미술학교가 설립되었기 때문이다. 하지만 서양 미술가들에게는 참담함을 안겨준 해였다. 서양 미술가들이 오랫동안 갈망해오던 국립미술학교가 서양 미술을 배제하고 일본 미술만을 위한 학교로 세워졌기 때문이다. 서양 미술의 최대 장점인 과학에 기초를 둔 정확한 재현이 공학의 발달로 더이상 일본 사회에서 의미를 갖지 못하게 되면서 서양 미술 수용론은 점점 힘을 잃어가고 있었다. 그 와중에 서양 미술에 밀려 설 자리를 잃어가던 일본 전통 미술이 유럽의 각종 박람회를 통하여 높은 평가를 받으면서 수출 품목으로 각광받고 있었다. 이러한 분위기에 힘입어 그 동안 숨죽이고 있던 일본 미술계는 일본 전통 미술 부활 운동에 박차를 가했다.

기모노 대신 양복을 입고 서양식 건물에서 서양 음악을 들으며 서양 음식을 먹는 것이 문명개화로 여겨지던 메이지 초기는, 일부 학자들이 일본의 문자도 알파벳으로 바꾸자는 주장을 할 만큼 열병처럼 서양을 흉내 내려 했던 시기였다. 하지만 내각이 수립되고 헌법이 반포되는 등 근대 국가로서의 체계가 형성되면서 서양을 객관적으로 보고자 하는 움직임이 대두되었고, 이에 따라 서서히 자성론이 일기 시작하였다.

이러한 자아성찰은 서양화(西洋化)를 최고의 목표로 삼았던 메이지유신이 발발한 지 20년 정도가 지난 후에 일어난 일이었다. 이 시기에 미술계로부터 제기된 누드의 문제는 단순히 서양 미술을 일본이 어떻게 수용했는가를 보여주는 문제를 넘어서서, 메이지유신을 통하여 아시아에서 가장 먼저 스스로 서구화하려 하였던 일본의 근대화에 대한 노력이 무엇이었는지, 일본에서의 서구화가 과연 어떤 의미를 지니고 있는지를 극명히 보여주는 아주 흥미로운 사건이 아닐 수 없다. 왜냐하면 누드의 문제는 단순히 일본이 추구하고 싶었던 서구 물질문명과는 아주 거리가 먼 서양 사상의 본질과 관련된 문제인 동시에, 일본을 비롯한 동양 문화와는 근본적으로 다른 신관, 인간관에 근거하여 발달한 미술 양식이기 때문이다.

메이지 초기 누드 논쟁은 미술아카데미 이론에 근거해 이루어지지 못하고, 그야말로 '나체'를 도덕적으로 용인해야 하는가, 마는가 하는 차원에서 이루어졌다. 이는 처음부터 미술과는 거리가 먼 상황에서 누드 논쟁이 이루어졌음을 짐작하게 해준다.

누드 문제가 불거졌을 때, 서양 미술에 해박한 극소수의 문학가들을 제외하고, 서양 미술에 문외한인 평론가, 철학가, 문학가 등이 이 논쟁의 중심에 서면서 누드 문제는 미술의 영역에서 사회 문제로 확산되어 갔다. 메이지 시대의 누드 논쟁과 일본 사회의 대응 방식을 통하여 일본 근대화의 의미를 고찰하여 보고자 한다.

과학으로 수용된 서양 미술

　메이지 시대는 일본 역사의 획기적인 대전환기였다. "부국 강병, 순산흥업"의 기치 아래 서양의 제도를 배우고, 서양의 제도를 따라 국가 체제를 정비하여 오래 전부터 내려오던 일본의 전통을 재편성하는 시기이기도 하였다. 미술 분야에도 이러한 변화의 바람이 불었다. 서구화를 의미하는 일본의 근대화 속에서 서양 미술의 도입과 미술의 제도화가 이루어졌다. 에도 시대 막부의 양학연구기관이라고 할 수 있는 번서조소(蕃書調所)나 사설학원 등에서 개인적으로 행해졌던 서양 미술 기법을 국가에서 학교를 건립하여 체계적으로 가르치게 되었던 것이다. 메이지 초기 서양 미술 교육이 이루어지는 과정과 새롭게 유입된 서양 미술 개념들이 일본에 정착하는 과정을 살펴보기로 하자.

일본의 서양 미술 수용과 공부미술학교

서양 미술이 일본에 처음 전래된 것은 메이지유신보다 훨씬 이전의 일로, 일본에 서양인의 발길이 시작되던 16세기로 거슬러 올라간다. 이 시기의 서양화 기법은 기독교와 더불어 도입되었기 때문에 기독교 탄압과 쇄국 정책으로 서양 미술은 그다지 일본 미술에 영향을 끼치지 못했다. 18세기 말 도쿠가와 요시무네[德川吉宗]의 쿄호 개혁 이후 양학이 해금(1720년)되는 것을 계기로, 네덜란드에서 의학, 천문학, 동식물학 등 자연과학 서적이 일본에 유입되어 번서조소 등에서 연구되었다. 하지만 서양 미술은 직접 외국인에게 배운 것이 아니고 미술과 직접적인 관계가 없다고 볼 수 있는 난학이라는 분야에서 일어났기 때문에 예술이라기보다는 자연과학적 경향이 강하였다. 그러므로 이 화풍은 동양화법에 서양화의 음양법이나 원근법을 도입하여 종래의 동양화를 개혁하려는 절충적인 움직임으로, 서양 미술이라고 보기는 힘들다. 서양 미술은 처음에 일본으로 유입되었을 당시부터 그 정밀성 때문에 주목을 받았었고, 메이지 시대에 이르러서도 서양 미술의 의미는 진짜처럼 묘사하는 사실성에 있었다. 서양 미술은 메이지 시대 이전, 즉 도쿠가와 막부 말기에 네덜란드를 통하여 이미 일본에 들어와 있었지만, 서양 미술이라 하여도 의학, 천문학 서적에 들어 있는 삽화를 복사하거나 유화를 흉내 내는 수준에 머물러 있었던 것이 메이지 시대의 서양 미술이었다. 서양 미술을 가르치는 공부미술학교 건립으로 일본에서 서양 미술가가 비로소 양성되기 시작하였다.

1876년, 이토 히로부미는 공부성(工部省) 산하에 서양 미술 교육을 위한 공부미술학교(工部美術学校, 1867년 12월~1883년 1월)를 설립하였다. 공부미술학교는 서구화의 일환으로 추진되어오던 미술의 제도화 방편으로 설립된 것이다. 여기서 주목할 만한 사항은 일본 최초의 관립 미술교육기관이었던 이 미술학교가 문부성이 아닌 이토 히로부미가 책임자로 있던 공부성공학료(工部省工学寮) 산하에 설립되었다는 사실이다. 공부성이란 공업, 광업 등을 담당하는 부서로 미술학교가 공부성 산하에 설립되었다는 것은 미술이 fine art로서가 아니라 공업 기술의 기초학으로 인식되었다는 것을 의미한다. 즉, 정밀성을 최대 장점으로 꼽고 있는 서양 미술은 예술이 아니라 과학 그 자체였다는 것이다. 이것은 공부미술학교의 설립 목적에서도 분명히 알 수 있다. 「공부미술학교규칙」 제1조는 '미술학교는 서구 근세의 기술을 일본국의 오래된 직업에 도입하여 백공(百工)을 보조'하기 위해 설립되었다고 명시하고 있다. 제2조는 '미술의 중요한 이론'을 실질적으로 응용할 수 있도록 학생들에게 가르치는 데 그 목적이 있다고 명시하고 있는데, 이는 '사진처럼 묘사하는 것을 연구하며 서구의 미술학교와 동등'해질 수 있도록 하는 것이었다. 즉, 서양 미술 기법을 도입하여 일본의 전통 기술을 혁신하고 국가에 유용한 미술가를 양성해, 장래에 서양의 우수한 미술학교와 동등한 지위를 갖는 학교로 만드는 것이 이 학교의 설립 목적이었던 것이다.

이는 가미위에 토우가이, 다카하시 유이치 등과 같은 메이지 초기 양화가가 육군병학료, 육군사관학교에서 도화(圖畵)를 가르쳤다는 것과도 관련지어 생각할 수 있다. 사물을 정확하게 재현해 내는 서양의 미술교육은 메이지 초기의 실용주의와 맞물리면서 군수품 생산을 위한 기초 학문으로 이용되기도 하였다. 이렇게 메이지 초기의 서양화는 fine art가 아닌 근대 공업을 서양에서 이식하는 식산흥업정책과 연결된 교육의 일환이었던 것이다. 1876년에 설치된 공부미술학교는 다음 해 공학교에서 공부대학교로 개칭되었고, 이에 따라 미술학교는 공부대학교(현재 도교대학교 공학부) 부속으로 재편성되었다.

메이지 시대의 조어, 미술과 나부

메이지유신으로 일본은 오랫동안 밖을 향해 문을 닫았던 쇄국 정책을 버리고 개방의 정책을 선택하였다. 이로 인하여 일본에는 서구의 정치, 사회, 문화가 대량으로 유입되었다. 이는 국가, 헌법, 국회, 시민 등과 같은 서구의 개념과 가치 체계가 일본에 유입된다는 것을 의미하였다. 하지만 이와 같은 개념들은 기존의 일본에 존재하지 않았기 때문에 새롭게 서양에서 유입된 개념들을 담는 말을 만들어 내는 작업을 해야 했고 그 과정에서 많은 조어(造語)들이 탄생하였다. '근대, 예술, 미술, 미학, 회화, 조각, 나체화, 풍경화, 역사화, 서양화, 동양화' 등은 메이지 시대를 대표하는 조어라고 할 수 있다. 이러한 메이지 시대의 조어들은 일제 강점기를 통하여 한국에 유입되었고, 그 결과 한국에서도 일본과 거의 동일한 의미로 그 단어들을 사용하게 되었다.

미술과 예술

일본과 한국 등지에서 회화, 조각, 건축, 공예 등 시각 예술, 조형 예술을 가리키는 '미술(美術)'이라는 단어는, 이 단어가 탄생한 메이지 시대 초기에는 지금과 다른 의미였다. 불어 beaux arts, 영어 fine art의 의미가 아닌 시, 무용, 음악, 연극 등을 포함하는 예술(art)의 개념에 더 가까운 의미로 사용되었던 것이다.

기타자와 노리아키[北沢憲昭]에 의하면 미술이라는 단어가 처음 일본 사회에서 등장한 것은 1872년, 일본이 빈 세계 박람회에 참가한 때의 일이라고 한다. 당시, 일본을 비롯한 동양에서는 beaux arts, fine art와 같은 개념이 존재하지 않았기 때문에 새롭게 단어를 만들어 낼 필요가 있었고, 이에 아름다운 기술이라는 美術이라는 말이 생겨난 것이다. 이는 영어나 불어의 번역어가 아닌 독일어(Kunstgewerbe)의 번역어로, 당시 빈 박람회 출품 목록에는 미술이라는 용어에 대해 "서양에서는 음악, 화학(畵學), 모양을 만드는 기술, 시학 등을 미술이라고 한다."는 부연 설명을 붙이고 있다. 이 설명에서 알 수 있듯이 미술은 오늘날 우리가 사용하는 fine art의 의미가 아닌 예술, 즉 art의 의미로 사용되었음을 알 수 있다.

이 같은 예는 같은 해 메이지 시대의 사상가이며 의사인 니

시 아마네에 의하여 출간된 『미묘학설(美妙學說)』에서도 찾아볼 수 있다. 그 책에는 "오늘날 서양의 미술에는 여러 가지가 있는데 조상술(彫像術), 조각술(彫刻術), 공장술(工匠術) 등이 그것이다. 시가(詩歌), 산문, 음악, 그리고 한학의 서예도 이 종류에 해당하는 것으로 모두 미묘학의 원리에 적당한 것이다. 더 확대하면 무악, 연극도 포함된다."고 기술되어 있다. 니시 아마네도 미술을 문학, 음악 등을 포함시킨 의미로 사용하고 있음을 알 수 있다. 미술이 오늘날의 미술의 의미로 정착하기 시작한 것은 1910년 이후의 일로 이는 『메이지단어사전』을 통해 확인할 수 있다. 『메이지단어사전』에서 미술이라는 단어가 오늘날 사용하는 의미로 설명되어 있는 첫 용례는 1888년에 출간된 『한화이로하사전 漢和対象いろは辞典』으로 미술을 "조각, 그림 등 fine arts"라고 설명하고 있다. 하지만 3년 뒤인 1891년에 출간된 『언해(言海)』에는 "공부(工夫)를 사용한 사람을 위한 기술, 시, 노래, 음악, 그림, 조각 등이 여기에 속함"이라 설명되어 있어, 여전히 미술과 예술이 혼동되어 사용되고 있었음을 알 수 있다. 그 후로도 오랫동안 미술과 예술이 혼용되다가 1910년이 넘어서야 겨우 오늘날의 fine art의 의미로 정착되면서, 1872년에 미술로 번역된 말이 예술로 사용되게 되었다.

그렇다면 원래 미술은 무엇을 말하는 것일까? 요즘은 미술을 회화, 조각, 공예, 판화, 건축 등 폭넓은 범위에서 사용하고 있지만 1563년 처음으로 미술을 가르치기 위해 피렌체에 설립된 '아카데미아 델 디세뇨(Accademia del Disegno)'에서는 건축, 조각, 회화만을 가르쳤다. 그것은 이 미술학교를 구상한 미술사가이며 건축가, 화가였던 죠르지오 바사리(Georgio Vasari, 1511~1574)가 미술을 건축, 회화, 조각으로 한정시켜 생각했기 때문인데, 이 개념은 아카데미가 흔들리던 19세기까지 이어졌다. 바사리는 『이태리 르네상스의 미술가 평전』 서문에서 미술가의 작업을 하나님이 이 세상과 인간을 창조하는 행위에 비유하면서, 기독교의 삼위일체처럼 건축, 건축을 장식하는 회화, 그리고 조각을 모두 합쳐 미술이라 정의하였다. 그는 미술학교의 이름을 '아카데미아 델 디세뇨'라 하였다. 데생(dissin), 디자인(design)의 어원인 이탈리아어 '디세뇨(Disegno)'는 '그리다', '구상하다', '계획하다'라는 의미의 동사 'disegnare'의 명사형으로, 바사리는 이 단어를 통해 미술가의 창작 행위를 신의 창조 행위에 견주어 설명함으로써 미술가들의 지위를 신의 경지에까지 끌어올리려 하였다. 이 과정에서 그는 동양에서 중요한 위치를 차지하는 칠기, 도자기 등과 같은 응용 미술을 열등한 것으로 취급하여 미술학교에서 제외시켜 버렸다.

일본에서는 서양과 달리 미술에 대한 구체적인 정의가 부재하였기 때문에 fine art라는 개념에 맞추어 새롭게 미술이라는 조어를 만들어야 했을 것이다. 미술이라는 어휘가 만들어진 개념임에 비하여 '예술(藝術)'은 메이지 시대 이전부터 존재하는 개념이었다. 물론 오늘날 사용하는 art의 의미는 아니었고, 기술, 학문의 의미로 사용되었다. 예술이라는 말이 art의 의미로 사용된 것은 니시 아마네에 의한 것이라고 한다. 이렇게 메이지 시대에는 미술뿐 아니라 각 분야에서 많은 조어들이 탄생하게 되었다.

나부(裸婦)? 나부(裸夫)?

미술과 예술이 일종의 번역어인 것과 같이 나체화도 역시 번역어이다. 서양 미술의 유입과 더불어 인간의 나체를 모델로 한 나체 미술, 즉 누드가 유입되자 이를 나체화, 혹은 나체 인형이라고 번역하여 사용하였다. 케니스 클러크에 의하면 누드라는 말은 18세기 초기 비평가들이 서양 미술의 전통이 없는 지역에 인간의 육체에 전통을 두고 있는 서양 미술을 이해시키기 위하여 만들어낸 개념이라고 한다. 클러크는 『누드의 역사 The nude』에서 누드와 네이크를 구별하면서 'naked'는 사람을 당혹하게 하는 무방비의 상태로 옷을 벗어버린 것이지만, 'nude'는 균형 잡힌 인체를 예술가가 이상적으로 재구성한 미(美)의 정형이라고 정의하고 있다. 그러므로 누드는 가능하면 세속적인 느낌을 피할 수 있도록 몇 가지 정형화된 패턴을 가지고 제작된다. 그리스 시대부터 있는 그대로의 인간의 모습이 아닌 이상화된 인간의 프로포션을 통하여 완벽한(perfect) 아름다움을 재현하는 미술 양식이 탄생한 것이다.

여기서 우리가 주목하고 싶은 것은 '나부(裸婦)'라는 말이다. 전라의 여성을 표현한 미술품을 나부(裸婦)라고 하는데 그러면 전라의 남자는 '나부(裸夫)'라고 하는 것일까? 이런 말은 사용하지 않는다. 서양 미술의 미술 작품에는 나체부인상 못지않게 전라 상태의 남성상을 쉽게 찾아볼 수 있다. 누드라고 하면 할아버지 할머니, 젊은 남자, 아이들의 나체를 생각하기보다는 의례 팔등신의 젊은 여성의 나체를 떠올린다. 역사적으로 가장 오래된 누드는 약 2만 5천 년 전의 「빌렌도르프의 비너스」「로셀의 비너스」 등을 들 수 있는데 비너스라고 이름 붙여진 손바닥만 한 크기의 고대 여인상들은 가슴과 복부, 음부 등 여성적 특징을 나타내는 부분이 마치 임산부처럼 과장되어 풍만하게 묘사되어 있다. 이는 여성의 풍만한 생식기가 다산을 상징하는 주술적인 의미를 지니고 있다고 여겨졌기 때문이다.

하지만 스스로를 헬레네라고 칭하는 그리스 인들에게 정복당한 그리스에서는 가부장적인 부권 사회가 성립되었다. 고대 그리스는 나체를 찬미하는 사회였지만 여성의 나체는 숭배의 대상이 될 수가 없었다. 남성 신인 아폴론의 나체는 그 자체가 아름다움과 신성을 상징하는 것이어서 당당하게 전라 상태로 표현되었지만, 기원전 5세기경부터 전라를 드러낸 여성상은 극도로 줄어들게 되었다. 여체는 신의 자리를 내주어야 했으며 더 이상 신성을 상징하지 못했다. 그리고 여신들은 옷을 입는 존재가 되었다.

기독교가 확산되면서 인간의 육체는 욕망의 상징으로 취급되어 죄악시되기 시작했다. 거기에 여성의 유혹으로 인류에

죄가 시작되었다는 창세기의 이야기를 비롯하여 데릴라, 살로메 등의 이야기를 통해 여성의 육체는 더욱 죄악시되었고, 여성의 육체에 대한 표현은 극히 일부분을 제외하고는 금기시되었다. 중세의 금욕주의와 맞물리며 인간의 타락을 유도하는 상징으로 인식되었던 육체가 르네상스 이후 그리스, 로마의 사상이 부활하면서 다시 수면 위로 부상하게 되고, 누드는 다시 전성기를 맞게 된다. 여인들의 누드는 성적 호기심을 자극하는 요염한 자태로 남성들을 유혹하는 미를 지닌 유혹의 화신으로 묘사되었다. 그녀들의 도발적이고 관능적인 포즈가 미술품을 장식할 수 있었던 것은 그녀들이 지상의 여성이 아닌 천상의 여인들이었기 때문이다. 여성 누드는 약 200년 이상 전성시대를 누리다가 19세기에 그 절정에 도달하였다.

이러한 여성의 누드가 메이지 시대에 일본에 소개되었고 그 과정에서 누드는 자연스럽게 일본에서 나부(裸婦)로 번역되었다. 이는 19세기 서양 미술품의 누드가 대부분 여성의 누드였기 때문이 아니라 남성의 누드라는 전통이 일본을 비롯한 동양에 존재하지 않아서였을 것이다. 'nude'라는 개념이 유입되기 전에 일본에는 누드가 전혀 존재하지 않았던 것일까?

누드와 춘화(春畵)

인도를 제외한 일본, 한국, 중국 등 동아시아 국가들의 대부분에 누드 전통은 거의 존재하지 않았다. 그리스 미술의 영향

을 받은 인도의 간다라 미술이 불교의 전래와 더불어 동양에
전해지면서 전신을 노출한 고대 불상은 제작되었지만, 이 또
한 인체 표현을 목적으로 한 것은 아니었다. 왜 동양 미술에서
는 인체 표현이 발달하지 않았던 것일까? 서양 미술에서 누드
를 제작할 수 있었던 것은 인간의 모습이 신의 형상을 본 따
서 만들어졌기 때문에 인간의 모습 속에 신의 모습이 내재되
어 있다고 생각하는 종교적 가치 체계 때문이었다.

　서양에서는 동물이나 자연이 인간보다 훨씬 하등한 존재로
여겨져 그림의 배경이나 장식 정도로밖에 인식되지 않았다.
하지만 동양에서는 산과 물, 풀, 나무 등과 같은 자연 속에 수
많은 정령이 존재하며, 자연의 일부에 불과한 인간은 자연 속
에서 신의 섭리를 이해하고 자연과 더불어 살아가는 것을 최
고의 덕목으로 인식하였다. 인간과 자연에 대한 동서양의 서
로 다른 이해는 상이한 미술 양식을 만들어 내었다. 서양은 만
물의 척도인 인간을 통해 완벽한 신의 조화를 표현하기에 주
력했지만, 동양에서는 인체 표현이 가장 발달했다고 하는 불
상조차도 깨달음과 해탈을 얻기 위해 수행하는 석가의 모습을
표현한 것으로 인체 자체의 아름다움을 재현하는 데에는 무게
를 두지 않았다. 동양에서 육체는 정신을 담는 그릇으로서 성
스럽고 초월적인 이미지를 상징하는 것으로 여겨져 왔다. 그
러므로 서양에서처럼 인체를 통한 이상적 형식미라는 미의 개
념은 존재하지 않는다. 동양에서의 인간은 착의를 통해 아름
다움이 표현되었다. 옷을 통하여 사회적 지위를 가늠하며 인

체의 곡선미를 표현한 것이다. 그 과정에서 불상으로 대표되는 인체 표현은 점점 관념화되고, 사실성에서 멀어져 갔다.

서양의 누드는 신, 혹은 신적인 능력을 가진 영웅이나 어떤 개념을 상징적으로 표현하는 알레고리 등으로 사용되었다. 이에 반해, 일본 미술의 전통에서 누드가 미술의 주제로 취급되는 경우는 춘화에서조차도 극히 드물다. 일부 우키요에[浮世繪]에서 찾아볼 수 있는 누드는 목욕을 하는 경우처럼 일상생활에서 옷을 벗어야 하는 상태에 제한적으로 사용되고 있다. 미인도에서도 여인의 아름다움은 착의를 기본으로 표현되었는데, 화려한 옷을 입은 여인을 섬세한 필치로 묘사함으로써 육체의 탄력성을 암시하였다. 육체 그 자체가 아니라 옷 사이로 느껴지는 여인의 감미로운 피부를 묘사하려 하였던 것이다.

서양의 누드는 육체의 이념적인 프로포션을 추구하였지만 우키요에에는 그런 의식이 부재했다. 여성이 지닌 몸의 아름다움보다는 피부의 아름다움에 관심이 더 있었다고 해야 할 것이다. 몸은 옷으로 가려야 하는 것, 옷을 통하여 암시되어야 할 것이었다. 나체는 성적 행위를 연상시키는 것으로 성기를 사람들 앞에 드러내놓은 것은 성행위를 주제로 한 춘화라는 특수한 장르에서만 볼 수 있었다.

서양 미술의 유입과 일본의 누드 논쟁

메이지 시대 누드 스캔들의 주역 구로다 세이키

청일전쟁에서 일본의 승리를 점치고 있었던 1895년, 교토에서는 제4회 내국권업박람회(內國勸業博覽會)가 개최되었다. 프랑스에서 약 10년간 유학하고 돌아와 청일전쟁에 종군하고 있었던 구로다 세이키(1866~1924)는 이 박람회 참가를 위하여 전쟁터에서 서둘러 귀국하였다. 그런데 그가 출품한 작품 하나가 일본을 들끓게 하였다. 그 작품은 거울 앞에서 머리를 빗는 여인을 묘사한 「아침화장」이라는 작품이었는데, 문제는 그 여인이 실오라기 하나 걸치지 않은 전라 상태로 거울 앞에 서 있는 모습으로 묘사되었다는 데 있었다.

구로다 세이키, 「아침화장」, 1893년.

이 작품은 구로다 세이키가 프랑스에서 유학을 마치고 귀국하던 1894년 '메이지미술회전람회'에서 전시된 적이 있었다.

하지만 정부 주최 공식 전람회에 누드가 전시된 것은 처음이라서 풍기문란을 야기한다는 등 누드에 대한 찬반 여론이 들끓기 시작하였다. 일본에도 춘화가 있었지만 이는 공공장소에서 모두 함께 보는 것이 아니라 혼자서 몰래 들여다보는 외설적인 것이었다. 그런데 서양에서는 이렇게 젊은 여성의 나체를 그려 공공장소에서 감상한다고 하니, 일본인들은 당혹감을 감출 수 없었던 것이다.

이 작품은 1893년 봄 아카데미의 대 거장, 샤반느에게 호평을 받아 그가 주재하는 프랑스의 살롱 '국민미술협회'에서 입상한 작품으로, 법학을 공부하러 프랑스 유학길에 오른 구로다가 양아버지의 반대를 무릅쓰고 법학자의 길 대신 미술을 선택하여 얻은 최고의 성과라고 평가받고 있는 작품 중 하나이다. 이 작품은 제2차세계대전 시 공습으로 소실되어 지금은 사진으로밖에 그 모습을 확인할 수 없지만, 일본 정부가 주체하는 박람회에 누드 작품이 전시되었다는 사실이 일본 미술사에서 갖는 의미가 사뭇 크다고 할 수 있다.

하지만 이 나체화의 전시가 처음부터 순조롭게 이루어진 것은 아니다. 이 작품의 공개를 놓고 경찰력까지 동원되는 등 「아침화장」 전시는 한바탕 소동을 치러야 했다. 교토라는 보수적인 지역에서 박람회가 개최되었다는 것, 작품의 주제가 거울 앞에서 머리를 빗는 나부라는 것이 이러한 소동이 일어난 원인이었다. 목욕을 하고 나오는 여성의 화장이라는 주제는 우키요에에서 즐겨 사용하는 주제였기 때문에, 목욕 후 여성이 화장을 하는 모습을 그린 풍속화라고 여겨지기에 충분한 조건을 가지고 있었다.

나체화 전시를 옹호하는 사람들은 누드가 단순히 벗은 여인을 그린 것이 아니라, 인체를 통해 미를 표현하는 것이라고 주장하였지만, 이런 논리가 일본인들에게 먹혀들어갈 리만무했다. 서구의 것을 최상의 가치로 여기며 서구화를 추진해온 메이지 정부로서도 이 문제는 골칫거리가 아닐 수 없었다.

프랑스의 풍자화가, 죠루주 비고는 「아침화장」

죠루주 비고, 「구로다 씨의 나부」, 1893년.

을 본 메이지 시대 사람들의 반응을 「구로다 씨의 나부」라는 캐리커처를 통해 표현했다. 당시, 이 작품이 사회적으로 얼마나 센세이션을 일으켰는지는 비고의 삽화를 통하여 확인할 수 있다. 이 만화에는 「아침화장」을 흥미진진하게 바라보는 감상자들이 묘사되어 있다. 그 중에서도 우리의 주목을 끄는 것은 여성 나체 그림 앞에 부끄러운 듯 얼굴을 가린 기모노 차림의 여성이 기모노를 허벅지까지 들어올린 모습이다. 그녀는 자신의 허벅지 노출은 전혀 개의치 않으면서 그림으로 그려진 여성의 나체를 보며 부끄러워하고 있는데, 이 여인의 모습을 통하여 비고는 일상생활에서의 노출은 아무렇지도 않게 생각하면서 나체화에 대하여는 과잉반응을 일으키는 일본인의 모습을 풍자적으로 묘사한 것이다.

나체화 논쟁의 포구를 연 한 장의 삽화

누드 문제가 사회적 이슈로 대두된 것은 구로다의 작품 이전에도 있었던 일이다. 6년 전인 1889년 『국민지우(國民之友)』 제37호 부록으로 출판된 야마다 비묘의 역사소설, 『고쵸(胡蝶)전』에 삽입된 와타나베 세테이(1851~1918)의 삽화가 문제의 발단이 되었다. 이 삽화는 헤이안 시대, 헤이케가 겐지와 벌인 전투에서 무참히 패한 후 헤이케 집안의 몸종이었던 17살의 소녀 고쵸가 인적이 드문 해변에서 전라 상태로 물 위를 올라오는데, 이때 옛날에 연모한 젊은 무사와 만나게 되는 장면을 그린 것이다. 군이 누드로 그릴 설정이 아니었음에도 불구하고 누드로 제작된 이 삽화는 싸움을 걸기 위한 미끼였다고 할 수 있다.

예상대로 이 삽화에 대한 비난의 글이 쏟아졌다. 「요미우리신문」(1889년 1월 11일자)에 비난의 글이 실리자 다음날 곧바로 당대 최고의 문호인 모리 오우가이[森鷗外]가, 양복을 입으면 창녀도 고상하고 여탕에 가면 사모님도 천박하게 생각된다면 할 수 없다며 "그런 선생에는 마음 쓰지 말고 발가벗고 가거라 포에지!"라는 반박문을 내며 일본에서 처음으로 나체화 논쟁의 포문을 열었다. 『고쵸전』의 누드 삽화가 시끄러워지자 이 삽화가 문제가 될 것이라는 것을 예상하고 있었다는 이 소설의 작가 비묘는 그 옛날 그리스 사람들은 이 세상의 완벽한 미는 나체를 연구함으로 창조된다고 생각했다고 말하며 "나체만큼 아름다운 것은 없다."고 주장하였다. 이런 의견에 소설가 이와야 사자나미는 『일본인』(1899년 1월)에 단정하지 않은 부인의 나체를 미의 진수라고 하는 소설, 단정하지 않은 부인 나체를 거리낌 없이 그린 그림을 집어넣으면서도 반성하기는커녕 그것을 잡지의 재미라고 믿고 있는 출간인 도쿠토미 소호를 맹렬히 비난했다. 『가라쿠타문고[我樂多文庫]』(1899년 1월)에는 『고쵸전』에서 나체가 미의 진수라는 주장에는 동의하지만 이 그림은 사람들에게 드러내 보이기 부끄러운 모습이라는 견해를 내놓았다.

비묘의 『고쵸전』 삽화 문제가 잠잠해지려 하는 그해 9월

코다로 항[幸田露伴]의 『풍류불(風流佛)』에 히라오카 수이한[平福穗庵]이 그린 누드 삽화가 들어가면서 일본 사회가 누드 문제로 또 한 번 들썩였다.

누드에 대해 이론이 분분한 가운데 비묘가 관여하고 있던 『미술원』은 2회에 걸쳐(1889년 3월~4월) 누드에 관한 글을 실었다. 이 글은 서양 미술에서 누드가 가지고 있는 의미와 누드 연구를 위하여 인체 해부학을 연구해야 한다는 등 나름대로 서양 미술의 관점에서 누드를 설명하려고 노력하였다. 누드를 두고 다양한 공방이 펼쳐지던 1889년, 유학파 서양화가들과 서양 예술에 조예가 깊은 문학가, 철학가, 정치가 등이 총동원되어 메이지미술회가 결성되었다. 메이지미술회에서는 1891년 1월과 2월 '나체의 회화 조각은 일본의 풍속을 해(害)하는가, 아닌가?'라는 제목으로 서양 미술가인 혼다 킨치로[本多錦吉郎]가 연설을 했다. 그는 이 연설에서 일본 미술가들은 누드가 일본의 정서나 풍토에 잘 맞는지를 고려해야 할 필요가 있다고 주장하였다. 그의 연설에 이어 서양 미술가 야나기 겐키치도 누드는 그리는 사람에 따라 다르지만 대체로 해가 된다고 주장하는 등, 누드를 일본에서 수용하기는 어렵다는 주장과 절대 안 된다는 강경론이 누드 논쟁의 주를 이루었다.

문제는 이들 논쟁이 나체화에 대한 논쟁이 아니라 나체 논쟁이었다는 데 있다. 메이지 초기의 누드 논쟁은 서양 미술에서 인체 미술이 왜 발전하였고 어떤 의미를 지니는지에 대한 진지한 논의는 이루어지지 않은 채 서양의 이론을 그대로 차용하여 인체가 '순수한 미'이므로 받아들여야 한다는 주장과 일본에서는 아직 시기상조라는 주장, 도덕적으로 불가하다는 주장 등이 분분할 뿐이었다.

나체 삽화로 촉발된 나체화 논쟁은 오우가이나 오자키 코요와 같은 당대를 대표하는 문학가를 끌어들이며 논쟁이 펼쳐졌지만 나체화 논쟁은 미학적 차원보다는 도덕적 차원의 부당함을 주장하는 의견이 압도적 지지를 받았고, 나체화를 지지하는 쪽도 누드가 왜 '최고의 미'가 될 수 있는가 하는 논리적 근거를 제공하지 못하면서 누드에 대한 본격적인 논의는 다음을 기다려야 했다.

구로다의 나체화 수난-첫 번째 이야기

야마다 비묘의 나체 삽화 게재로 나체 미술에 대한 논의가 처음으로 일본에서 제기되었지만 본격적으로 나체 미술에 대한 논쟁이 불거진 것은 구로다의 「아침화장」 때문이었다.

자신의 작품이 사회적으로 물의를 일으키고 있음에도 불구하고 아무런 변명을 하지 않던 구로다는, 1896년 3월 28일, 이 사건에 대하여 프랑스에서 유학생활을 함께 보냈던 절친한 친구 구메 케이치로(1866~1934)에게 다음과 같은 편지를 썼다.

경관이 왔다고 떠들썩하다. 오늘 내일 중에 무슨 말을 해 오리라 본다. 기어이 나체화를 진열하는 것을 허락하지 않

27

는 것으로 결정된다면 이후 일본인에게 인간의 형태를 연구하지 말라는 것이나 마찬가지이니 생각해 보아야 할 문제이다. 심사 총장이 어떤 판결을 내릴지는 모르겠다. 결국 거절된다면 나는 즉시 사직해 버리면 된다. 아무리 생각하여도 나체화를 춘화로 보는 논리가 어디에 있는가? 세계의 보편적인 미학은 물론, 일본 미술의 장래에서도 나체화는 결코 나쁘지 않다. 나쁘기는커녕 필요하다. 아주 많이 장려해야 한다. 늘 뼈 없는 인간을 그리면서 언제까지 미술국이라고 말할 수 있는가?

편지에서 확신에 찬 구로다의 모습을 읽어낼 수 있다. 그는 나체화를 인정하지 않는다면 일본에서의 '인간의 형태' 연구가 불가능하며, 더 이상 일본이 서구 사회를 향하여 '미술국'이라고 말할 수 없게 될 것이라고 언급하였다. 또한 "단지 익숙하지 않다."는 이유로 나체화를 포르노처럼 논의하는 것은 모순이라고 지적하였다. 다시 말해, 구로다는 서구가 인정하는 나체화 전시를 금지한다면 일본 정부가 무능무식하다는 것을 세계에 드러내는 일이 될 것이라고 말하고 있는 것이다.

1895년 4월 14일 「일본신문」은 박람회에 전시된 「아침화장」을 본 소감을 "음부를 노출하고, 거기에 실오라기 하나 걸치지 않았다. 거기에, 최고로 좋은 자리에 걸려 대중들로 하여금 보고 싶은 욕구를 불러일으키기에 충분하다. (중략) 이 그림을 묘사한 것이 화집이나 신문에 나온다면 풍기문란이다.

곧 발매 금지가 될 것이다. 아아, 심사관이라는 자가 자신의 취향에 끌렸는지, 풍기를 문란하게 하는 자와 개인적 관계가 있는지 통탄스러운 일"이라고 전하고 있다. 이렇게 누드 전시 문제를 여론이 핫이슈로 다루고 급기야 경찰까지 개입하자 이 박람회의 총책임자인 쿠키 류이치(1890~1931)는 이 사건을 담당한 오오쿠라 경사에게 다음과 같은 서간을 보내게 된다.

　　박람회의 나체 인형에 관련해 세간의 물의를 빚고 있는 것에 대하여 간단한 충고를 드리려 한다. (중략) 근년 외국에서 수입된 석동판 나체 인형이 이미 세간에 알려져 일반인이 관람하는 일도 적지 않다. 특히 만국박람회라도 개최하려는 경우에는 도저히 일본 혼자만 나체 인형을 막는다는 것은 어려운 일이다. 이것을 배척해서는 만족스러운 세계 물품을 수집하여 개최하는 것조차 어려울 것이다. (중략) 일본에는 나체 불상 외에도 혹사이, 우타마로, 하루노부 등의 그림이 있었고 오늘날 진열된 나체 인형보다 더 이상한 형상으로 공공연히 제작된 것도 거의 공격받은 적이 없다. (중략) 내가 개인적으로 이 그림을 좋아하는 것은 아니지만 공무상 배척할 이유를 전혀 찾을 수 없었다.

이 서간은 「도쿄아사히 신문」에 그대로 보도되었고, 「아침화장」 전시는 단행되었다. 장안을 떠들썩하게 했던 이 스캔들 이후 3년, 구메는 1897년 11월 『미술평론』에서 "교토박람회에서 추한 그림이라고 불린 소동으로부터 3년이라는 시간이 지났다. 당시 쿠키 심사위원장의 현명한 판단으로 위험한 고비를 넘기고 무사히 박람회를 끝낼 수 있었다는 것은 일본의 미술 발전 사상 진정으로 기쁘고 흐뭇한 일"이라며 쿠키가 이 문제 해결에 진력을 다했다고 전하고 있다.

하지만 시카고박람회(1893) 사무총장을 맡았던 1892년, 쿠키는 일본 미술가를 모아놓고, "제군의 적은 서양화이다. 서양화를 쓰러뜨려야 제군의 희망을 이룰 수 있다."며 서양 미술에 대한 적대심을 노골적으로 드러내는 발언을 하였다. 그러던 그가 왜 누드 전시를 허용한 것일까? 쿠키는 '석동판 나체 인형'이 전시된 전례와 일본에도 '나체 불상 외에 혹사이, 우타마로, 하루노부' 등과 같은 작품이 있다는 것을 허가 근거로 들고 있다.

보수적인 인사인 쿠키는 누드 전시를 허용하면서 다음 해(1896) 설립된 도쿄미술학교에 신설되는 서양 미술 학과 설치 문제를 염두에 두었을 것이다. 서양 미술 학과가 생기면 당연히 누드모델을 고용해 나체 데생을 할 텐데, 정부 주최 박람회에서 누드를 금지한다는 것은 정부 교육정책의 이중성을 드러내는 일이 될 것이기 때문이다. 하지만 보다 근본적인 이유는 일본이 세계 박람회를 개최하게 되었을 때 일본만이 누드를 금지할 수 없다는 쿠키의 말 속에서 찾을 수 있다. 그의 변화된 태도 속에서 청일전쟁 이후 변화된 일본의 모습을 엿볼 수 있다. 세계를 모방하는 차원을 넘어 서양과 동등한 문화적 강

대국으로 약진하려는 일본의 모습이 거기에 있는 것이다.

쿠키의 누드 전시 허용의 배경을 누드 문제가 시끄러워지기 한 달 전인 1893년 4월 16일, 「동경일출신문」에서 찾아볼 수 있다. 이 신문은 일본은 더 이상 동양의 일본이 아니라 세계 속의 일본이 되어야 하며, 세계가 일본을 주목하는 이때 박람회를 개최한다는 것에 기대한다는 내용을 보도하고 있다. 일본이 거대한 중국과의 싸움에서 승리하면서 이제 일본은 한갓 동양의 작은 국가가 아니므로 세계를 향해 뭔가를 보여주어야 한다는 기운이 일본에서 고조되어 가고 있었다. 누드 전시 허용은 쿠키의 주장에서도 드러나듯이 서양 미술의 누드의 논리를 수용해서가 아니라, 앞으로 일본이 세계만국박람회를 주최하게 될 때를 생각해서 더 이상 일본의 논리 속에만 안주하는 폐쇄적인 사고를 할 수 없다는 정치적인 판단에 의한 허가였던 것이다. 서양 문화를 받아들이자는 개혁적 인사들조차도 누드만큼은 수용할 수 없다는 강경한 반응이 한풀 꺾이기는 하였지만, 이는 어디까지나 청일전쟁에서의 승리라는 변수에 밀려 행해진 어쩔 수 없는 수용이었기에 누드의 문제는 두고두고 논쟁거리로 남을 수밖에 없었다.

누드 전시를 계기로 시작된 이 논쟁이 결국은 서양 미술의 정체성에 대한 논쟁으로 이어지면서, 일본에서 서양 미술을 수용해야 하는가, 수용해야 한다면 어떤 형태로 해야 하는가 등의 다양한 논제로 발전하였다. 누드 논쟁이 메이지 정부의 서구화 정책의 본질을 극명하게 보여주는 사건이었다는 점에서 구로다의 「아침화장」 사건은 미술계를 넘어 일본 사회에 중요한 화두를 던져주는 계기가 된 셈이었다.

이 사건으로 세간의 주목을 한 몸에 받게 된 구로다 세이키는 세계 속의 일본을 의식하며 물질적인 서구화에서 문화적 서구화를 지향하게 된 일본의 정책 변화에 발맞추어 도쿄미술학교에 설치된 서양화과의 담임 교관으로 임명되었다. 그 후 일본의 서양 미술은 구로다 세이키를 중심으로 전개되었다.

구로다 세이키를 둘러싼 나체화 논쟁

구로다의 나체화 수난-두 번째 이야기

「아침화장」의 발표로 세간의 주목을 받으며 혜성처럼 메이지 미술계에 등장한 구로다는 메이지유신의 주역으로 문벌이 된 사츠마 번(현 가고시마) 출신이다. 그의 양부 구로다 기요츠나는 천황에게 와카[和歌]를 가르친 어가소(御歌所) 장관으로 이후 원로원 의관을 역임한 후, 1887년 자작이 되었다. 문벌 출신의 구로다에 대한 대우는 다른 미술가들의 경우와는 사뭇 달랐다. 1893년의 「아침화장」 파문 직후 그해 도쿄미술학교에 설치된 서양화과의 교원으로 취임한 구로다는 같은 해 5월, 서양 미술 단체인 하쿠바회[白馬會]를 결성하였다. 당시 일본의 서양 미술 단체라고는 메이지미술회밖에 없는 상황에서 좀 더 폭넓게 서양 미술을 일반인들에게 알리기 위한 목적이었다고 구로다는 밝히고 있으나, 기존 서양 미술가 세력과 단절하려는 의도도 부정할 수는 없을 것이다. 하쿠바회 결성으로 자유롭게 작품을 출품할 수 있게 된 구로다는 이 미술 단체를 통하여 계속해서 나체화를 전시하게 되었다.

구로다의 두 번째 나체화는 제2회 하쿠바회전람회에 출품된 「지·감·정」이다. 일본인 여성을 모델로 하여 제작한 본격적인 나체화라고 할 수 있는 「지·감·정」은 금지(金紙) 바탕에 등신대(等身大)로 제작된 나부상으로, 병풍과 같은 형식을 취했다. 세 개의 나부로 구성된 이 작품은 배경과 인체를 구분짓기 위해 인체에 주황색의 윤곽선을 그려 넣었다. 오른쪽에서부터 "지, 감, 정"이라는 제목을 붙였는데, 이 작품은 「아침

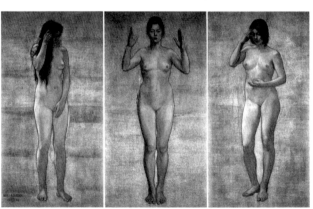

구로다 세이키, 「지·감·정」, 1897년.

화장」과는 달리 별다른 제지가 없었다. 이 작품이 파리박람회 출품작이었기 때문에 검열 대상에서 제외되었다는 의견이 압도적이지만, 이 작품에 대한 제지가 없었던 것은 그런 사회적 배경뿐만 아니라 이 작품의 표현상의 문제와도 관련되어 있는 것으로 보인다.

「아침화장」과 「지·감·정」이 주제나 표현법에서 큰 차이를 보인다는 것에도 주목하지 않으면 안 될 것이다. 「지·감·정」은 특정한 인물을 묘사한 것이 아니라, 「지·감·정」이라는 추상적 개념을 나부를 통하여 상징적으로 표현한 우의화라 볼 수 있다. 이에 반하여 「아침화장」의 나부는 뒷모습으로 묘사되어 있고, 그 앞에 거울이 놓여 있어, 나부의 시선이 감상자로부터 일탈되어 있다. 그로 인해 나부에게는 관객들에게 보여줄 의식이 없어 보인다. 그래서일까? 이 작품은 아침 외출을 준비하는 여인을 감상자가 훔쳐보는 듯한 느낌을 준다.

1897년 11월 29일자 「요미우리 신문」은 "지, 감, 정이라는 문자는 적어도 그 문자가 가지고 있는 것과 비슷한 의미로 당초 미술의 세 경향인 이상(Ideal), 인상, 사실(Real)을 나타내기 위하여 붓을 든 것"이라는 견해를 내놓았다. 즉, 「지·감·정」이 19세기 회화의 중요한 3대 경향이었던 '이상주의(idealism)', '인상주의(impressionism)', '사실주의(realism)'를 나부를 가지고 표현한 것이라고 본 것이다.

구로다의 「지·감·정」은 「아침화장」보다 더욱 '이상화'된 '신비로운' 것이며, 구로다의 노력의 흔적을 볼 수 있는 작품이라고 높이 평가받았다. 1900년, 파리박람회에 출품된 「지·감·정」은 유채화 부문에서 일본 유채화로서는 유일하게 은상을 수상하게 되었다. 하지만 파리박람회에서의 「지·감·정」의 수상이 나체화에 대한 일본 정부 방침에 도움을 준 것은 아니었다. 박람회가 끝나자, 또 다시 나체화는 거친 시련과 마주서야 했다.

천으로 뒤덮인 나부(腰卷事件)

「아침화장」 사건으로부터 6년이 지난 1901년, 한동안 잠잠하던 미술계에 또 다시 나체화 파문이 일어났다. 나체화를 천으로 가린 일명 '허리를 천으로 가린 사건'이 발생한 것이다. 제6회 하쿠바회전람회에 출품된 구로다의 「나체부인상」을 비롯하여 유센 이치로의 「화실」, 라파엘 코란의 「나체습작」 등은 나부의 하반신이 분홍색 천으로 가려졌다. 이들 작품이 외설적이라는 이유로 천으로 허리 밑을 가린 '허리를 천으로 가린 사건'에 대하여 1901년 10월 23일자 「시사신문」은 다음과 같이 보도하였다.

하쿠바회 출품작 중 미술 작품을 천으로 가린 것에 대하여 비난의 목소리가 높은데 그것에 대해 시모타니 경찰시청은 이번 출품작 중에서 풍기문란을 우려할 만한 작품들을 대중에게 관람하게 하는 것은 너무나 부적합하지만, 미술이라는 점에서 보면 전혀 출품을 금지할 이유가 없다고 발표했다. 따라서 풍속을 검열한다는 차원에서 대중의 관람은 금하고, 미술을 장려한다는 차원에서 이것을 다른 방에 모아 관계자만이 관람할 수 있게 하였다. 구로다 세이키 등은 열심히 일반 공개를 희망하므로 그 후 서장과 하쿠바회와의 교섭으로 아마 경찰이 임시 장소를 만든 것 같다.

즉, 전람회에 출품된 작품들이 풍기문란을 야기할 수 있는 소지가 충분하지만, 미술 작품이므로 완전히 봉쇄할 수 없어서 특별 전시실을 만들어 전문가들에게만 보이도록 조치하였다는 내용이다. 같은 달 22일자 「국민신문」은 이 같은 처분을 비판하였다.

하쿠바회전람회에서 간과하지 말아야 할 괴상한 점은 누드, 혹은 나체상을 검은 천으로 가렸다는 것이다. 그 중에는 구로다 세이키 씨가 심혈을 기울여 제작한 그림도 있다. (중략) 문부성의 관할인 미술학교에서는 누드를 강당에서 그리고 있다. 말할 것도 없이 서양화, 혹은 조각에서 누드, 혹은 나체상은 미의 진수로서 열심히 이것을 모사하고 이것을 배우는 것은 우리 미술학교만이 아니다. 혹 이것이 풍기를 해한다면 어째서 미술학교를 파괴하지 않는 것인가? 왜 서양 미술을 유입하는 것은 금하지 않는 것인가?

이 신문은 도쿄미술학교에서 나체화나 나체 조각상의 공부를 용인하면서도 나체 미술품 전시를 금지한다면 서양화를 가르치거나 서양화를 유입하는 것 자체를 그만둬야 한다며, 메이지 정부의 미술에 대한 상반된 태도를 비난하고 있는 것이다.

나체화는 예술의 자유, 표현의 자유

법정에 선 나체화

드디어 나체화가 법정에 섰다. 1898년, 『신조월간(新潮月刊)』에 게재된 나체화와 관련된 사건이 재판으로까지 비화된 것이다. 이것은 이즈미 쿄카, 하세카와 후타바테, 쯔보우치 소요, 마사오키 시키 등 메이지를 대표하는 문학가들이 주재한 문학 잡지 『신조월간』이 퇴폐적인 나체화를 게재하고 풍속을 어지럽게 하였다는 이유로 편집인 및 발행인이 '풍속 요란죄'로 법정에 선 사건을 말한다. 『신조월간』에 게재된 나체화 및 나체 조각은 구로다가 프랑스에서 가져온 것이라 하는데, 제랄의 「사랑의 신」, 「고대조각」, 「입욕 후의 미인」, 코란의 「더

후니스와 쿠니에」 등과 구로다의 「아침화장」이다. 나체화의 게재가 풍기를 어지럽히는가 아닌가를 묻는, 나체화를 피고로 한 일본 최초의 재판이 열린 것이다. 나체화를 제공한 구로다를 비롯한 도쿄미술학교 교수들이 이 재판에 줄줄이 소환되었다.

이 재판에 대하여 5월 28일자 「국민신문」에는 "미술학교에서 나체화를 가르친다는 이유를 묻기 위하여 특별히 박물관장인 쿠키 류이치, 미술학교장인 타카미네 히데오, 같은 학교 교수인 구로다 세이키, 구메 케이치로, 이노우에 테츠지로, 쯔보우치 오우죠 등 4명을 소환하고 월간에 게재한 그림이 진정으로 풍속을 훼손하는지의 감정을 신청했는데, 검사는 사실상 풍기 문제라고 결정했다."고 전하고 있다. '풍기훼손죄로 도쿄지방재판소에 고소를 당한 『신조월간』의 나체화 사건'은 결국 무죄 판결을 받았지만, 『신조월간』은 제2권 5호로 폐간되기에 이르렀다. 1898년 5월 최종호에서는 다음과 같은 '나체화의 변명'을 싣고 있다.

나체화의 미의 본령은 동서국을 막론하고 전혀 다르지 않다. 미의 객관적, 보편적 가치는 겨우 이 한 지면에 다 보존할 수 없다. 그들은 어떠한 근거를 가지고 이 설을 파괴하려 하는가? 이처럼 나체화의 가치를 정하기 위해 묻고 싶은 문제는 이것과 습관 풍속, 즉 보편적 도덕과의 관계이다. 이것에도 보편적인 면과 특수한 면이 있다. 동서를 통틀어 살펴볼 때, 동서는 서로 다른 풍속을 가지고 있으며 천지가 서로 다르다. 이런 면에서 보편 도덕이 나체화의 가치를 박해할 수 있는 것일까? (중략) 나체화가 현 사회의 풍기를 어지럽혔는가를 묻는다면 나는 결단코, 그렇지 않다고 믿는다.

동서를 막론하고 미의 보편적 가치가 있다는 것을 믿는다는 편집부는 누드가 풍기를 어지럽힌다는 견해에 대해 "결단코, 그렇지 않다."며 강하게 부정하였다. 이 재판은 무죄로 끝났지만, 누드 게재를 이유로 내린 판금 처분은 그 후로도 계속되었다.

1898년 5월 8일자 「호치 신문」은 "내무성은 최근 일본 부인의 나체화에 주목하기 시작하는 것처럼 보인다. 지난 달 이것의 발매를 금지한 것이 수십 종이 넘는다. (중략) 출품 목록에는 구로다 세이키 씨의 나체화가 있다."며 잡지에 게재된 누드 도판으로 발매 금지 처분을 받고 있음을 전했다.

이러한 조치에 하쿠바회 회원이면서 마이니치 신문 기자였던 요시오카 효료는 『미술강화(美術講話)』(1901)에서 출판사가 서양에서 명화라고 불리는 나체화 작품의 게재를 주저하는 것은 "풍속괴란 발매 금지의 엄령(風俗壞亂發賣禁止の嚴命)"을 받을 것을 두려워하기 때문이라고 주장한다. 정부의 이 같은 방침은 "풍속괴란이라는 알 수 없는 호칭으로 미술 제작을 죽이고, 출판의 목적을 빼앗고, 출판사에 손해를 끼치는" 것으로 이어진다며 나체화를 엄격하게 검열하는 정부를 비판하였다. 이 같은 요시오카의 발언은 『미술강화』에 게재할 예정이었던 브글로의 「비너스의 탄생」, 마네의 「오랭피아」, 앵그르의 「소묘」, 호들러의 「진리」, 카바넬의 「비너스의 탄생」, 반 쥰즈의 「진주」 등이 게재 거부를 당한 것에 대한 비판이었다. 호료는 출판사가 발매 금지 처분을 받는 것이 두려워 게재를 거부하였다고 보았던 것이다.

나체화 전시 금지를 넘어 나체화를 게재한 잡지의 출판 금지 처분이 이어지면서, 나체화 문제는 미술의 영역을 넘어, 표현의 자유라는 시점에서 메이지 사회의 존재성을 묻는 문제로 발전하고 있었던 것이다.

잡지 『명성』과 나체화

1900년 11월 27일, 『명성』 제8호에는 침대 옆에 누워 있는 여인을 묘사한 이치죠 나르미[一条成美]의 두 장의 삽화가 게재되었는데, 이 삽화가 너무나 노골적이라는 이유로 잡지가 판금 처분을 받았다. 발매 금지 처분에 대하여 『명성』의 발행자이며, 메이지의 시문학의 개혁론자였던 요사노 데칸은 『명성』 제9호에 다음과 같은 항의문을 실었다.

세상 사람들은 입만 열면, 이렇게 말한다. '우리 국민은 취미 없는 국민이다, 이상 없는 국민이다.'라고. 지금은 세상의 도덕이 천해지고, 사람들의 마음이 너무나 부패하여

하나하나 열거할 수조차 없고, 몰취미 몰이상의 행위에 **빠**
져 협소하고 추한 풍기가 실로 어디까지인지 모를 정도이
다. 아, 어쨌든 이 폐풍을 구하고 세상의 도덕심을 높여야
하지 않을까 생각하기에 이것은 실로 커다란 사회적 문제이
며, 도덕의 문제이다. 나 같은 사람이 이것을 구제할 수 있
는 방법이 있겠는가? 단지, 나는 우리의 이 작은 잡지에서
할 수 있는 범위 내에서 회화, 조각 등 고상한 예술계의 작
품을 가지고 사람들의 취미를 크게 고취하고, 문학상의 제
작물과 더불어 독자의 이상을 고상한 지위로 이끌 수 있기
를 기대할 뿐이다.

여기에서 데칸은 "회화, 조각 등의 고상한 예술계의 작품"
을 가지고 "독자의 이상을 고상한 지위로 이끌 것을 기대"한
다고 한다. 원래 『명성』은 문학과 미술 분야에서 가장 진보적
인 사상, 형식, 취미를 생각하는 것, 사랑하는 것, 즐기는 것을
연구하기 위한 문학·미술 전문잡지이다. 그런데 나체화 게재
로 발행금지 처분을 받은 것에 대해 『명성』은 표현의 자유를
침해하는 것으로 받아들였다. 누드는 이 "협소하고 추한 풍

기"에 물든 세상에 정당성을 갖는 것이었다. 여기에서 누드가 사회의 풍기를 어지럽히는가 아닌가 하는 것이, 미술계를 넘어 문학계의 문제로 확대되어 가는 것을 알 수 있다.

다음 해 2월 23일, 『명성』 제11호에는 정부의 나체화 처분에 대한 반발로 하쿠바회 회원이며 구로다의 후배인 후지시마 타케지(1867~1943)가 뮤샤(Alphonse Mucha)의 그림을 모사한 두 장의 삽화 「일본에서의 예술의 현재」 「일본에서의 예술의 미래」를 게재하였다. 이 삽화는 우에다 빙이 『명성』에 기고한 「영미의 근대문학론」 안에 들어 있던 삽화로, 이 글은 피터 시몬즈 등을 비롯한 당시의 영국의 문예학자를 소개하면서 일본문학의 장래에 관해 쓴 글이다. 후지시마의 두 장의 삽화 중 하나인 「일본에서의 예술의 현재」는 '검은 막(voile noir)'이라고 쓰여 있는 천으로 가려진 여인 앞에 1900년이라고 써 있는 지구본이 있고 그 위에 올빼미가 올라 앉아 있는 것을 묘사하고 있다. 올빼미의 가슴에는 '어둠을 사랑하는 무지(IGNORANCE QUI AIME LES TÉÈBRS)'라는 글이 걸려 있다. 또 다른 삽화는 「일본에서의 예술의 미래」로 1901년이라고 쓰인 지구본에 올라탄 나체 여성을 검은 막이 가리고 있는데 팔레트를 가진 천사가 이 막을 지우고 있다. 이것은 『명성』 제8호의 나체화 게재에 대한 판금 처분을 비판하고, 미래 일본 문예의 발전을 위하여 나체화를 인정해야 한다는 후지시마의 반론을 표현한 것이다.

『명성』 제11호에는 후지시마의 삽화에도 조르조네의 명작,

후지시마 타케지,
좌 – 「일본에서의 예술의 현재」
우 – 「일본에서의 예술의 미래」
1901년.

「잠자는 비너스」사진을 반 정도 잘라 게재하였다. 하쿠바회에 출품된 나부의 하반신을 천으로 가린 정부의 조치를 비웃기라고 하듯 비너스의 하반신을 잘라, 상반신 사진만을 게재하였다. 이 작품에 대한 설명은 자신의 논문에 나체화 삽화를 삽입한 도쿄대학 영문과 강사 우에다 빙[上田敏]이 맡았다.

1900년대 『명성』을 비롯한 잡지가 출간 금지를 감수하면서도 나체화를 게재한 것은 나체를 최고의 미라고 생각해서라기보다는 언론을 통제하는 정부의 정책에 대해 문예인들이 표현의 자유를 획득하기 위해 사용한 수단의 일환이었다. 그러므로 이들은 나체화가 굳이 필요하지 않은 글에 나체화를 게재하여 일부러 충돌을 일으키면서 메이지 시대에 새로운 예술을 그들 나름대로 모색해 나갔던 것이다.

구로다의 나체화 전시에서 비롯한 파문은 구로다 개인, 혹은 미술계를 넘어 일본 사회 전체를 끌어들인 파문으로 이어지면서, 나체화 문제를 표현의 자유(예술의 독립성)의 문제로까지 확대시켰고, 예술과 사회의 관계를 묻는 논쟁으로 이어지게 되었던 것이다.

구로다 세이키의 나체화론

　「아침화장」의 박람회 출품으로 메이지를 대표하는 미술계의 논쟁이라 할 수 있는 나체화 논쟁을 이끈 구로다 세이키는 나체화에 대하여 어떤 생각을 가지고 있었던 것일까?「아침화장」전시로 일본을 나체화 논쟁으로 몰고 갔던 구로다는「아침화장」이후「지·감·정」「나체부인상」「꽃들판」「백부용」「봄」「가을」등 많은 나체화를 제작하였다. 대부분 여성을 주제로 한 구로다의 나체화는 1910년을 전후로 하여 많은 변화를 보이는데, 그 원인이 어디에 있는지 구로다의 나체화론을 통해 고찰해 보자.

나체화는 이상의 표현

　구로다는 1904년 7월 24일과 25일, 두 번에 걸쳐 나체화의 미학적 의미를 「히노데 신문」에 게재하였다. 우선 24일자 글에는 "나체화는 고상한 이상을 철학적으로 해부하여 하나의 그림으로 성립시킨 것이다. (중략) '복장'이라는 것은 '시대'를 나타내기 위한 것에 불과한데, '시대'라는 것을 떠나서는 복장을 묘사하는 것이 불가능하다. (중략) 나체화는, 즉 시대에 관계없이 '사람' 그 자체를 묘사하는 것"이라 언급한다. 다시 말해 나체화는 '고상한 이상'을 인체로 표현하는 것으로, 특정한 '시대'와 상관없이 '사람 그 자체'를 표현하는 것이라는 설명이다. 25일자에는 "나체화를 대할 때에는 우선 이 그림이 무엇을 목적으로 그려졌는지를 생각하여야 한다. (중략) 외설적인, 소위 육감을 도발하기 위한 것이 아니라는 것을 믿는 것이다. 아니, 숭고함에 감동하여야 한다. 그러나 우리들이 묘사하는 나체화는 아직 거기까지 도달하지 못하고 있다."고 언급하였다. 구로다는 나체화란 욕구를 불러일으키기 위한 그림이 아니고 보는 이에게 감동을 주기 위한 그림인데, 아직 일본인 화가들의 작품은 그런 느낌을 줄 만한 실력은 안 되는 것 같다고 덧붙였다. 구로다의 설명은 나체화가 '숭고한 이상을 철학적으로 해부'한 '고상'한 것이라고 주장하고 있지만, 인간의 육체가 어째서 숭고한 이상이 될 수 있는지에 대한 미학적 근거는 빠져 있는 어정쩡한 설명이라고 할 수밖에 없을 것 같다.

나체화에 대한 구로다의 생각은 스승인 코란의 영향이 컸다. 구로다는 유학 중이던 1890년 4월 17일에 양부에게 다음과 같은 서간을 보냈다.

나체화는 사람의 몸을 가지고 어떤 생각을 나타내는 것이다. 우선 나의 교사의 그림을 보아도 봄이라는 제목을 붙여 꽃과 풀들이 피어 있는 곳에 벗은 미인이 누워서 기분 좋게 풀잎을 입에 물고 있는 모습을 그리고 있다. 또한 여름이라는 그림은 여러 여인이 공원에서 꽃 같은 것을 꺾어 머리에 장식하고 누워 있거나 서 있는 사람도 있고 연못 속에서 놀고 있는 사람도 있는 것을 그린 것이다. (중략) 교사는 봄이라는 느낌을 막 피어나는 꽃 같은 미인의 몸으로 표현하였다. 즉, 봄은 인간의 정신 속에만 존재한다. 봄에 대해 교사와 같은 느낌을 갖고 있는 사람이 이 그림을 본다면, 말로 뭐라 표현할 수 없는 유쾌함을 느낄 것이다.

여기서 "기분 좋게 풀잎을 입에 물고 있는 모습"을 그린 코란의 작품은 1886년 살롱에 출품하여 국가에 의하며 매입된 「화월(floréal)」이고, "꽃 같은 것을 꺾어 머리에 장식하고 누워 있거나 서 있는 사람도 있고 연못 속에서 놀고 있는 사람도 있는 것"으로 봄을 표현한 작품은 1884년에 살롱에 출품된 「여름」이라는 작품인데, 전경에 4명의 나부를 배치하고 원경에 4명의 나부를 배치시킨 4미터가 넘는 대작이다.

구로다는 나체화가 "사람의 몸을 가지고 어떤 생각을 나타내는 것"이라는 점을 코란에게 배웠다고 볼 수 있다. 나체화에서 숭고한 느낌을 받을 수 있어야 한다는 구로다에게 1902년, 『신소설』은 나체화와 종교화의 차이를 묻는 질문을 하였

상-라파엘 코란, 「화월(floréal)」,
 1886년.
하-라파엘 코란, 「여름」,
 1884년.

다. 그때 구로다는 종교화는 "신앙심을 불러일으키는 것이 주된 목적"이지만, 나체화의 주된 목적은 "고대의 소설, 예를 들어, 그리스 신화 이야기에서 취한 것이라든지, 고대의 숭고한 문학, 이상을 철학적으로 해부하여 인물을 가지고 사람의 마음을 즐기게 하는 것"이라고 비슷한 대답을 하였다. 구로다는 나체화를 고상한 문학이나 이상을 인체를 가지고 표현한 것이라 설명하지만, 구로다의 나체화는 「지·감·정」을 포함한 몇 작품을 제외하고는 인간의 존재론적 고민과 갈등, 욕망을 가진 인간 본연의 문제에 대부분 접근하지 못했다. 구로다의 나체화에 대한 어정쩡한 입장은 그의 나체화론에서 더욱 분명히 확인할 수 있다.

나체는 풍토에 따라 달라진다?

「아침화장」의 전시를 계기로 구메는 구로다의 변호역을 자처하고 나섰다. 그런데 나체 미술을 옹호하는 구메의 논리에서 상당히 흥미로운 점을 발견할 수 있다.

「아침화장」으로 한참 세간이 시끄러웠던 때에, 1895년 5월 1일자 「국민신문」에서 나체화 전시 금지를 요구하는 여론에 대하여 그는 다음과 같이 주장한다. "오늘날 청나라와 개전한 이후 (중략) 세계의 시선은 일본에 모이고, 태평양의 변경에 숨어 있는 고독한 섬을 세계가 주목하였다. (중략) 나체화를 보고 경악하고 추화(醜畵)라고 외친다는 것은 실로 영아적이고 미개한 민족의 단계에 있으며 보는 눈이 비열함을 토로하는 것"이라는 내용이었다. 청일전쟁 이후, 세계가 일본을 주목하는 가운데 서양에서 가장 아름답다고 여기는 나체화에 "경악하고, 추화"라고 한다면 일본이 아직 유아적이고 미개한 후진국이라는 것을 세계에 드러내는 일이라는 주장이다. 이는 앞서 소개한 쿠키의 주장과 거의 동일한 것으로, 미의 규범으로서 나체화의 정당성을 주장한 것이 아니라 서양이 인정하는 것을 일본이 추하다고 볼 수 없다는 입장에 근거한 것이다.

2년 후(1897년) 구메는 구로다의 나체화로 불거진 5년 전의 나체화 논쟁을 상기하며 좀 더 이론적인 접근을 통해 나체화에 대한 비호를 시도하였다. 「나체화에 대하여」라는 제목으로 『미술평론』에 기재된 글에서 구메는 나체화를 비판하는 사람들은 "국수보존적 정신"을 가진 보수적인 일본주의자들이 아니라, 거꾸로 서구 사상에 물들어 "서양 풍습을 좋아하는" 사람들이라고 주장한다. 그러면서 "회화나 조각으로 볼 기회는 드물었지만 일본의 원래 풍습은 실제로 나체를 '추'하게 생각하지 않는다. 최근 이것을 '추'라고 부르는 것은 소위 구미인의 사상에 감화되었기 때문이다. 단언하건대 서양 풍습을 흉내 내고 있는 것이 사실이다."라고 말했다.

구메의 논리 중에 간과해서는 안 될 중요한 점은 그가 풍습과 예술의 논리를 혼동하고 있다는 사실이다. 『미술평론』(1897년 11월)에서 구메는 다음과 같이 말하고 있다.

사람의 습관이라 하는 것은 숨쉬는 토지와 기후에 따라 서로 다름을 기본 원리로 하여 만들어지는 것이 순리이다. 이것이 덕의(德義)로 변하여 사람의 행동을 좌우하게 된다. 원래부터 이것은 자연의 필요성과 편리함에서 비롯되는 것이 많다.

기후론과 풍토론을 근거로 나체화의 정당성을 펼치고 있는데, 그의 주장대로라면 풍토가 풍습을 만들고, 풍습이 사람들의 가치관을 만들어 낸다는 논리가 성립된다. 구메의 생각은 나체화 옹호론을 주장하던 1895년의 주장에서도 여실히 드러나고 있다. 「국민신문」(1895년 5월 1일)에서 구메는 그리스 미술의 발전을 다음과 같은 배경에서 찾고 있다.

> 사람의 육체의 미를 발견하여 미술의 기본으로 정하는 것은 고대 그리스 때에 생긴 것이다. 그리스의 풍속은 건전한 육체를 찬미하고 숭배하여 순정단려(純正端麗)한 모습을 갖춘 육체를 신령시하였다. (중략) 그리스에서 주장이 되거나 스승이 되는 사람은 보통 사람보다 뛰어난 용모에 무사로서의 존엄함을 갖추었다. 체육에 대한 관심은 어디에서나 아주 두터웠다. 이렇게 양성된 남자가 전국 대중이 모인 올림픽 경기에서 육체를 노출하여 체력 경기에 승리하면, 단순하게 일신의 영광으로 끝나는 것이 아니라 그 지역의 명예로 여겨졌다.

구메는 그리스가 "건전한 인체를 찬미하고 존중"하여 단련된 몸을 "신령시"하는 풍습을 가지고 있는 나라임을 강조하였다. "주장이 되고 스승"이 되기 위해서는 뛰어난 용모와 용맹함이 요구될 만큼 체육이 중요시되었는데, 그리스는 남자가 "올림픽 경기"에서 육체를 노출하고 체력 경기에서 승리하는 것이 "일신의 영광"일 뿐만 아니라 "그 지역 전체의 명예"로 여겨질 정도로 훌륭한 나체를 명예롭게 보는 풍습을 가진 나라였다고 설명한다. 그렇기 때문에 그리스 미술이 발전할 수 있었다는 이야기다.

그러면서 구메는 "이 완벽한 발달을 꾀하던 고대 미술도 로마로 옮겨오면서 국운과 더불어 점차 쇠퇴하고 북방 야만인의 침입으로 유린당하고 기독교 전래로 파괴되어 전 유럽에 걸쳐 천년 동안 교란되더니 결국은 그 흔적도 없이 황폐해져 버렸다. 근세에 이르러 사회 질서가 겨우 회복되고 기독교도 점차로 다신주의와 융화되면서 로마의 옛 영토인 이탈리아에서 회화 조각의 융성을 볼 수 있게 되었다."면서 북방 야만인인 게르만 민족과 기독교로 인해 고대 미술이 파괴되었다고 보았다. 즉, 일본에서 나체화를 반대하는 사람들은 기독교 사상 위에 성립된 서양 사상을 공부한 사람들이라는 주장의 근거가 여기에서 나오고 있는 것이다.

좀 더 구체적으로 그리스 인의 풍습에 대한 구메의 설명을 들어보기로 한다.

그리스 인의 복장이야말로 세상에서 가장 단순하고 가장 유려한 복장이라 할 수 있다. 옷은 많은 봉재의 천을 어깨에 걸치는 것이다. 남자는 허벅지 정도까지 오는 짧은 옷, 부인의 옷은 땅까지 끌리는 옷이지만, 상부는 어깨만 덮고 양팔은 전부 드러낸다. 모자를 쓰는 것은 농부, 목동뿐이고 그외에는 부인이든 남자든 모발 장식에 대해 아주 다양한 궁리를 한다. 양말이나 신을 신지 않고 걷는 것을 싫어하지도 않는다. 소크라테스처럼 연회석에 갈 때 외에는 신을 신는 법이 없었다고 한다. 그리스 인은 실로 옷에 전혀 마음을 쓰지 않는다.

따뜻한 기후로 인하여 복식에 전혀 구애받지 않는 그리스 문화가 탄생하였고 이러한 풍습으로 인하여 "가장 순박하고도 우아한 인성을 드러내는 것이 그리스의 종교, 도덕, 문학, 미술의 특성"이 되었다고 말하고 있다. 그렇다면 독일이나 영국처럼 추운 북유럽은 어떤 미술을 만들어 내었던 것일까? 그는 추운 북방 사람들은 너무 날씨가 추워 옷으로 몸을 가려야 하기 때문에 나체에 대해 관용적이지 않다고 언급하며, "나체가 추하다는 주장은 사실은 북구 주민의 풍습이다. (중략) 영국처럼 북방민이 가장 엄격한 것은 춥고 더운 기후와 관련되어 있는 원리"라고 보았다. 즉, 북구는 추운 기후라 옷을 많이 입어야 하므로 나체를 드러내는 일이 별로 없는데다가 종교상의 이유도 더해져 나체를 피하게 되었고, 이에 따라 나체화가 발달되지 않았다는 것이다. 구메는 북방의 기후가 예술 발달을 저해하였다고 보고 있는 것이다. 서구 문화를 재단하는 이러한 논리가 그대로 일본에 적용되었다. 아니, 이것은 일본에 적용하기 위한 논리이기도 했다.

풍토와 그 속에서 발달한 풍속이 예술 발달에 절대적인 영향을 준다면 그리스와는 다른 일본의 풍토와 예술은 어떤 관련성을 가지고 있는 것일까? 구메는 같은 논법을 적용시켜 일본 풍토와 풍속에 관하여 다음과 같이 설명하였다.

일본은 사면이 바다로 둘러싸인 큰 섬나라로 북단은 멀리 북극의 빙해와 접해 있고, 남쪽으로는 태평양에 접해 있어 흑조의 조류가 항상 열대 지방의 기온을 보내주고 있다. (중략) 겨울의 북풍은 한랭한 기운을 보내 서리와 눈을 만들지만 구름이 걷히면 따뜻한 양풍은 순간 이것을 녹여 전날의 냉기를 잊게 한다. 여름의 열기는 아주 높게 올라가지만, 바닷가가 가까이 있어 항상 시원한 바람과 옷으로 삼복더위를 온화하게 한다. 이처럼 행복한 위치에 있으면서 천연의 은혜를 가장 풍요롭게 받은 토지에 나라를 세운 우리들의 풍속은 천연의 고난을 모르며 천성이 거칠어지는 것도 적다고 말할 수 있을 것이다. 그러나 우리나라의 개화는 서양의 온난한 나라를 근거로 하여 점차 동북 지방에까지 이르고 있다. 온난한 나라의 풍습이 여기 국풍을 만든다는 것을 기억해야 한다.

구메는 사면이 바다에 둘러싸인 일본은 남으로는 태평양과, 북으로는 빙해와 접해 있어 겨울에는 "추위"를 모르고, 여름은 "시원한 바람과 옷으로 삼복더위"를 지낼 수 있는 온난한 나라라는 것을 강조한다. 이와 같이 '자연에 은혜'를 입은 풍요로운 토지인 일본의 개화는 따뜻한 서쪽에서 점차 추운 동북지방으로 이동하고 있다고 보았다. 문명이란 따뜻한 기후에서 발생하여 점차로 추운 지방으로 이동하는 것이라 인식하고 있는 구메가 일본의 온난성을 주장하는 것은 일본도 온난하기 때문에 문명 발생에 적합하다는 주장을 하고 싶기 때문이리라. 또한 메이지유신을 일으킨 큐슈는 일본에서 가장 따뜻한 곳으로(오키나와 제외) 서양 문명의 기운이 큐슈에서 동북 지방으로 확산되었던 것도 염두에 두었을 것이다.

그리스의 기후가 풍습과 예술에 영향을 주었다는 논리를 전개한 구메는 이 논리를 그대로 일본에 적용시켜 다음과 같은 문명론을 전개시켰다.

일본의 풍습을 고찰해 보면, 토지와 기후가 북구와는 너무나 다르므로 당연히 그 결과도 그들과 반대일 수밖에 없다. (중략) 나체는 개화의 바람이 아니라고 본다. 그러므로 실상을 왜곡하여 나체가 일본의 풍속에 반하는 것처럼 말하는 것은 비웃음거리가 될 것이다. 그러나 세상 사람들이 나체화를 배척하는 유일한 근거는 풍기문란이라는 막연한 것인 바, 이는 기독교의 말투에서 배운 무지의 소치로 실제로 나체를 이상하게 보는 풍습에서는 나체 작품이 조금이라도 해악을 끼치는 일은 단연코 없을 것이다.

구메는 일본의 풍습이, 야만적이고 비문명적인 북구와 전혀 다름을 강조한다. 일본은 온난한 기후에 속해 있는 나라로 원래부터 나체 풍습을 가진 문명국인데, 잘못된 서구 문명을 배운 일부 '무식한 사람들'이 '풍기문란'을 들추는 것은 정말 '무지의 소치'라고 몰아붙이고 있다. 나체와 나체화를 구별하지 못하는 구메의 해괴한 주장은 하쿠바회 회원인 요시오카 호료에서도 찾아볼 수 있다. 앞에서 거론한『미술강화(美術講話)』에서 호료는 "영미 같은 보수주의를 표명하며 나체화를 까다롭게 말하는 자가 많은 나라에서도 (중략) 나체화는 가장 숭고한 미술 제작으로 존중받고 있다. 일본은 이 같은 나라와 달리 사회적 풍습상 나체에 대해 아주 냉담한 생각을 갖고 그 것을 인정하고 있다. 한편으로는 보수주의인 영미인조차도 존중하는 나체화를 배척하는 이상한 현상이 일어나고 있다."고 언급하였다. 영미와 같은 보수적인 나라에서조차도 나체화를 "고상한 미술 작품"으로 존중하는데, 나체가 어느 정도 일상화되어 있는 일본에서 나체화를 배척하는 것은 "이상한 현상"이라는 것이다. 일본과 구미의 풍속을 들어 일본이 나체화를 배척하는 것이 부당하다는 호료의 견해는 나체와 나체화를 구별하지 못하는 주장이라 할 수 있다.

사토 미치노부[佐藤道信]도 당시의 나체화 논쟁에 대하여, 누드의 의미가 충분히 논의되지 못한 채 "나체라는 상태를 둘러싼 논쟁"이었다고 보고 있다. 사토는 나체화 문제를 "미의 기준으로 성립된 누드 nude"에 대해 "진짜 나체를 의미하는 '나체 naked body'를 사용하여 '나체화'라는 말이 성립"되었다는 것 자체가 누드라는 개념 수용의 한계를 보여주는 것이라고 지적하였다. 그의 지적처럼 구로다의 나체화를 둘러싼 문제는 나체화 논쟁이 아니라 나체 논쟁으로 이전되고 있었다.

구로다의 풍토론적 나체화론

구로다는 1900년 3월 25일에서 4월 17일에 걸쳐 「니로쿠 신문」에 글을 실었다. 거기서 구로다는 구메와 마찬가지로 풍토와 예술 발전을 관련시키며 다음과 같이 설명하였다.

그리스의 토지와 고대 선주민과 그 시대의 환경 및 습관은 미술을 배양하기에 적당한 조건을 겸비하고 있고, 무엇보다 자연스럽고 이치에 맞는 형상을 만들어내는 것이 일찍부터 등장하여, 2천여 년이 지난 오늘날에 확고한 기초를 만들어 주었다. (중략) 르네상스 시대의 예술은 그리스 유적의 완전한 사물의 형태를 모방하기 위한 노력을 게을리 하지 않았다. 천연의 실사에 의한 기술을 연마하고 학리의 가르침에 의한 사물의 형태를 확실히 하는 것이다. 건전한 인체가 예술의 진수이자 수양의 기본이 되는 것은 실로 그리스 기술의 정신이 르네상스 시대로부터 오늘날에 이르기까지 계승되어 서구 예술의 특색이 되었다.

구로다도 구메처럼 그리스 미술에서 나체화가 발달한 것은 그리스의 토지와 풍습이 나체 미술 발달에 적합한 조건을 갖추고 있었기 때문이었다고 보았다. 건전한 인체를 만드는 것을 예술의 기본으로 삼는 그리스의 정신은 현재까지 변함없이 이어져 오고 있는데, 르네상스는 이와 같은 그리스 예술의 전통을 이어받아 자연을 모사하는 기술과 "학리의 가르침"에 의하여 사물의 형태를 확실하게 표현하는 기술을 연마하였다. 구로다도 그리스 미술에서 나체화가 가진 의미를 나체를 미로 생각하는 그리스의 풍속에서 찾았던 것이다.

그렇다면 구로다는 일본 미술과 풍토가 어떤 관련성이 있다고 생각하고 있었던 것일까?

일본의 토지는 산악계류가 풍부하고, 사면이 바다이며 해안이 깨끗하다. 순화한 날씨는 꽃과 초목이 생육하기에 적당하고 곳곳의 비옥한 땅과 들은 생계를 수월하게 하여 국민들은 세상살이의 험난함을 모르고 산다. 서구의 천지와 비교하면 완전한 낙원이다. 이와 같은 나라는 미술의 배양에 적당한 요소를 갖추고 옛부터 일종의 예술이 만들어지고, 서구의 예술과 그 취미를 달리하고 세상으로부터 상찬받기에 충분하다. 그중에서도 회화는 가장 기발한 취미를 가지고 있어 그 기술이 숙련되었다. 동양의 섬나라 중 하나인 일본이 서구에 영향을 줄 수 있는 것은 국력의 부강 때문이 아니다. 빠른 서구화 때문도 아니다. 일종의 기발한 예술이 있기 때문이다.

구로다는 산악계류가 풍부하고 사면이 바다이며 해안이 깨끗한 일본의 기후는 "꽃과 초목이 생육"에 적당하여, 국민들이 "세상살이의 험난함"을 모르며 살 수 있는 그야말로 낙원이라고 설명한다. 이 같은 일본의 토지 덕에 미술이 발전하였는데, 특히 회화 부분은 세계에 자랑할 만하다고 자부하였다. 하지만 여기서 발전을 멈춘다면 일본 미술은 "고갈되고 시들어 자멸"하여 비참하게 될 것이라는 말도 잊지 않는다. 구메가 일본의 기후와 그리스 기후의 동일성을 강조함으로써 나체화의 정당성을 주장하였던 것과 달리, 구로다는 일본의 회화가 "유럽의 예술과 그 취미를 달리"한 "기발한 취미"를 갖고 있다는 점을 강조하였다. 두 사람은 같은 풍토론을 사용하면서도 생각의 차이를 보이고 있다는 것을 알 수 있다. 유럽과 다른 취미를 가진 일본은 서양과 다른 일본만의 독특한 예술을 만들어야 한다는 사고에 근거한 구로다의 주장은 나체화마저도 변화시키는 결과를 가져왔다. 나체화의 우월성을 주장하던 귀국 초기 구로다의 생각은 점차 변화하여 1909년 4월 『일본』에서는 나체화에 대한 다음과 같은 주장을 펼친다.

나체화를 그릴 때에도 그리스를 토대로 하여 인체의 미를 그릴 수 있는 단 하나의 형식밖에 없다고 한다면, 그리스인 외에는 나체화를 그릴 수 없다는 논리가 된다. 그리스의 미가 최상의 미이긴 하지만, 프랑스의 미술은 어떠한가? 예를 들어, 프랑스는 그리스의 미에는 미치지 않는다 하더라도 그리스의 형식에서 벗어나 자국의 자연을 토대로 한다면 그리스식 이상의 묘미가 있을 수 있다. 이것은 일본과 서구를 대조해 보아도 마찬가지인데 서구를 모방한 유화는 일본의 것이 될 수 없다. 그러니 서구의 재료를 가지고 일본만의 묘미를 표현한다면 서구에 뒤지지 않는 것을 틀림없이 만들 수 있을 것이다.

구로다는 "그리스를 토대로 하여 단지 하나의 형식"만이 미라면 그리스 이외에는 나체화를 그릴 수 없다는 이야기가 된다고 전제하고, 그리스의 형태에서 벗어나 "자국의 자연을 토대"로 그리스 미와는 다른 묘미를 만들어 낸 프랑스처럼 일본 회화도 일본의 묘미를 살린다면 훌륭한 서양화를 그리는 것이 가능할 것이라는 주장을 한다. 이것은 나체가 어떤 인간의 구체적인 재현이 아니라 인체를 통하여 보편적 미를 표현한다는 미술아카데미의 나체화 개념을 부정하는 발언이라 아니할 수 없다. 1904년 「히노데 신문」에서 나체화는 "숭고한 이상"을 인체로 표현한 것이며 특정한 '시대'나 '인종'과는 무관한 것이라고 주장한 구로다의 말과는 너무나 다른 것이다.

구로다는 귀국 초기에는 프랑스에서 배운 나체화론을 전개하지만, 러일전쟁 직후부터는 구메처럼 풍토론을 가지고 나체화를 논하고, 나아가 일본 미술 전체를 논하려 한다.

이들의 풍토론적 관점은 어디에 의거한 것일까? 구메 케이치로와 구로다 세이키가 애독하고 구메에 의하여 번역된 이폴리트 텐느의 『예술철학』과의 관련성에서 그 근거를 논해 보고자 한다.

텐느의 진화론적 사고와 나체화론

이폴리트 텐느(Hippolyte Taine, 1828~1893)의 『예술철학』은 구메에 의하여 1902년에 번역되어 『미술신보』에 게재되었다. 구메가 번역한 내용 중 구메의 논리와 관련성이 있어 보이는 곳을 인용하여 보자.

그리스의 고유한 이 같은 풍속은 일종의 특별한 사상을 만들어 내었다. 당시 이상적인 인물은 사려 깊은 사고를 저장하는 정신이 아니라 순수하게 아름다운 나체와 용모, 단정한 태도, 경쾌한 사람이 되는 것이었다. 이 풍속은 모든 것에 나타나, 최근에는 카리아, 리치아 민족, 그 외 변방의 민족은 모두 육체를 노출하는 것을 부끄럽다고 생각하였지만, 그리스만은 경주할 때에 옷을 벗기를 주저하지 않았고 스파르타에서는 젊은 부인마저 나체에 가까운 모습으로 연습하였다.

텐느는 그리스의 풍속이 정신보다 "아름다운 나체와 용모, 단정한 태도"의 인간을 중시하는 사상을 만들어 냈다고 지적하였다. 그 결과, 그리스 예술은 "순정순미(純正粹美)한 형상을 탐구하고 항상 존엄한 순백색의 조각으로 성전을 빛내고, 최고로 뛰어난 신전이 무엇인가를 보여주려 애썼다."고 설명하였다. 이런 텐느의 그리스 미술에 대한 이해에서, 앞서 살펴본 구로다와 구메의 생각과의 유사성을 찾아내는 일은 그리 어려운 일이 아니다.

텐느는 회화의 발전을 농부의 포도 재배에 비유하기도 하였다. "포도원의 성공은 토지, 기후에 의하여 결정되는 것이다. 이와 마찬가지로 성숙한 회화를 생산할 수 있도록 만드는 법칙도 이와 다르지 않다. 회화에 소속된 기후, 풍속의 상태에 따라 이것을 극대화할 수 있다."며 포도 재배에 성공하기 위해서 토지, 기후가 중요한 요인으로 작용하는 것처럼 숙달된 회화를 만들기 위해서도 기후, 풍속이 매우 중요하다고 주장하였다.

일종의 환경론적 입장에 서 있던 텐느는 "기후 풍토의 변화에서 식물 농경의 종류가 나누어진다. 이상적인 기후 풍토라면 미술의 부흥을 기대할 수 있을 것이다. (중략) 다신교풍의 조각, 사실적인 회화, 이교도의 건축은 물론 고대 문학이나 때론 음탕한 음악, 재미있는 시, 모든 종류의 미술 등의 발생을 알기 위해서는 이상적 기후 풍토를 연구할 필요가 있음을 깨달아야 한다. 그래서 말하는데 인간 기능의 생산은 천연의 산물과 마찬가지로 그 지역을 보면 이해할 수 있다."고 설명한다.

미술의 발달에 이상적인 기후 풍토가 필요한 것처럼 "인간 기능의 생산"까지도 환경에 의하여 결정된다고 보았던 것이다. 그리하여 "나무들은 적당한 종족만을 생존 번식시키고 나머지는 제거한다. 유상적(有象的) 기후 풍토에서는 선서감살(選叙減殺)의 작용, 즉 도태가 일어난다. 이것은 오늘날 모든 살아있는 것의 기원이며 조직을 설명하는 대원칙으로, 유상에서 추상으로 옮겨가고 풀과 나무와 금수가 발전하는 것처럼 인류의 재능, 특성에 대해서도 같은 방식으로 생각해야 한다."고도 이야기한다. 그는 당시 유럽에서 대유행하고 있던 다윈의 진화론에 근거하여 진화론이 "각종의 동식물의 기원 및 조직을 설명하는" 대원칙으로 "인류의 재능, 특성"을 증명할 수 있다고 보았던 것이다.

텐느의 예술론은 이 진화론에 의거한 것으로 예술 발전과 관련해 다음과 같은 견해를 밝힌다.

　　정신적 풍토도 각종 재능의 선택을 행하여 어떤 종류를 발달시키고 다른 것을 없앤다. 이런 일종의 기관에 의하여 어느 시대, 어느 나라에 때로는 이상적인 관념이 생기고, 때로는 실상의 감상을 만들고, 때로는 묘선을 중시하고, 때로는 착색에 기울고, 각종 유파가 발달하게 된다.

텐느는 뛰어난 예술가는 뛰어난 환경에 의하여 보다 위대한 창조를 할 수 있다고 믿었다. 구로다와 구메는 실증적 방법으로 예술의 발전을 증명하려는 텐느의 사고방식에 영향을 받으면서도 서로 다른 길을 걸었다. 구메가 미술아카데미의 기본은 인체 연구에 있다고 주장한 반면, 구로다는 일본 풍토에 적합한 미술을 만들어 내야 한다고 생각하였다. 구로다는 그리스의 미를 절대화하지 않고 일본 자연의 묘미를 살린 일본적 양화 창출로 관심을 옮겨가면서, 점차 풍경 속에서 이데아를 찾는 방향으로 나아갔던 것이다.

일본화된 구로다의 나체화

구메는 일본의 풍토가 그리스와 유사함을 강조함으로써 일본도 그리스처럼 나체에 대하여 매우 관용적인 문화를 가진 나라이고, 그리하여 그리스 로마처럼 나체 미술이 충분히 발전할 수 있음을 강조하였다. 이에 반하여 구로다는 일본이 지상의 낙원이라 할 만큼 비옥한 토지를 가진 축복 받은 국토이지만, 그리스인과 일본인, 그리스의 풍경과 일본의 풍경이 서로 다르기 때문에, 그리스 미술이라는 품종을 들여와도 결국 다른 열매가 맺힐 수밖에 없다는 주장을 펼쳤다.

이와 같은 주장은 예술론이라기보다는 어떤 주의주장을 하기 위한 논리의 비약으로 스스로 논리적 모순에 봉착하고 있다. 나체화에 대한 구로다의 주장의 변화는 작품에서도 그대로 드러난다.

1903년의 제8회 하쿠바회전람회에 전시된 「봄」 「가을」을 살펴보기로 하자. 이 작품은 서양 여인을 모델로 봄과 가을을 표현한 작품이다. 이 작품은 현재 소실되어 정확한 내용을 확인할 수 없지만, 이 작품에 대한 평론을 통하여 이 작품의 내용을 어느 정도 가늠할 수 있다. 영문학자 우에다 빙은 『명성』 11호에서 "구로다씨의 「봄」 「가을」 두 폭은 아주 아름다운 그림이라 말하지 않을 수 없다. 봄으로 인격화된 이 인물은 소위 구미 미인의 일종으로 (중략) 봄이라는 것은 풍려분방(豊麗奔放)한 것이 아닐까 하는 생각이므로, 지금 한층 열렬한 인물을 가지고 표현한 것"이라며 봄의 정서를 "인물을 가지고 표현한 것"이라 해석하고 있다. 한편, 하쿠바회 회원으로 구로다의 지도를 받았던 미야케 콕키도 "「봄」과 「가을」이라고 제목을 붙인 두 장의 나체화는 (중략) 아름다운 색채로 그려서 아주 기분이 좋다. 나는 거꾸로 이 두 그림의 배경에 반했다. 「봄」의 배경에 벚나무를 그린 것 등이 특히 기뻤다. 「가을」의 배경에 고목의 나뭇가지가 조심스레 원경에 걸치게 한 배려에도 감탄하였다."고

구로다 세이키, 「봄」,
「가을」, 1903.

소감을 밝혔다. 미야케는 구로다가 「봄」에 일본에서 봄을 상징하는 벚나무를, 「가을」에 가을의 정서를 잘 나타내는 고목 가지를 그려 넣어 「봄」과 「가을」에 묘사된 나부가 봄과 가을의 우의(알레고리)로서 아주 잘 표현되었다고 본 것이다. 구로다의 「봄」과 「가을」은 서양 미술의 일본의 토착화를 위해 일본의 정서와 서양 여인을 혼합하여 제작한 과도기적 작품이라고 할 수 있다. 하지만 이러한 노력은 점점 사라지고 노골적으

구로다 세이키, 「백부용」, 1907년.

로 일본 여성을 그대로 드러냄으로써 구로다의 나체화는 서서히 그 한계를 드러내기 시작하였다.

1907년에 개최된 제1회 문부성미술전람회 출품작인 「백부용」을 보자. 이 작품은 하얗게 피어 있는 부용꽃 앞에 전라 상태로 서있는 일본 여성을 묘사한 것이다. 「백부용」의 여인은 몸을 약간 옆으로 돌려 시선을 관객 쪽으로 돌리고 있는데, 이 여성의 몸에서는 같은 일본 여성을 모델로 한 「지·감·정」과 달리 균형 잡힌 나체미를 전혀 찾아볼 수 없다. 「지·감·정」을 제외하고는 구로다의 나체화 대부분이 전시와 촬영을 금지 당했고, 평가도 그리 좋지 못하였다. 하지만 「백부용」은 의외로 호의적인 평가를 받았는데, 그 해 11월 10일자 「요미우리 신문」은 "촌스러움이 없는 것이 장내 제일이다. 일본인의 나체가 나쁘게 서양화되지 않고 이 정도로 초현실적으로 그려진 것이 많지 않다. 인체의 외곽도 확실하고 배경도 거기에 잘 맞는다고 생각한다."며 일본의 나부가 서구화되지 않고 추상화되고 배경도 상응한다며 이 작품을 높게 평가하였다.

일본인의 여성의 몸을 있는 그대로 표현한 「백부용」은 구로다의 미술에 대한 사고의 변화를 보여주는 작품이다. 이러한 구로다의 시도는 풀밭 위에서 상반신을 다 드러낸 채 나무에 기대어 낮잠을 자는 소녀를 그린 「나무 그림자」에서도 잘 나타나고 있다.

이 작품은 1908년 제2회 문부성미술전람회에 출품된 작품으로 구로다는 이 작품을 끝

구로다 세이키, 「나무 그림자」, 1908년.

으로 더 이상 공식적인 전람회에 나체화를 출품하지 않았다. 대신 구로다의 작품은 풍경화가 주를 이루게 되었다.

러일전쟁 이후 일본 미술계의 변화

　서양 미술의 기수로 기세등등하게 나체화를 전시하고, 나체 미술을 풍기문란이라고 주장하는 자들을 향하여 자신만만한 싸움을 걸었던 구로다의 변화는 언제부터 일어난 것일까? 그의 생각의 변화는 구로다 한 개인의 문제에 국한된 것일까? 서양 미술에 대한 구로다의 생각에 변화가 일어난 것은 러일전쟁 전후의 일이었다. 청일전쟁과 러일전쟁을 거치면서 제국주의국가로서의 체제를 갖추어 나가는 1900년대, 일본의 미술계에는 일본의 정서와 풍토에 적합한 일본의 미술, 즉 일본의 정신이 표현된 미술을 만들어 내려는 기운이 고조되고 있었다. 이후 일본 미술의 주 흐름을 형성하게 되는 이 움직임은 메이지유신 이후 서구화를 목표로 숨 가쁘게 달려온 일본 미술계에 대한 자아성찰이며 서구를 모방하지 않아도 세계를 상대로 싸울 수 있다는 자신감을 표출한 것이라 말할 수 있다.

일본적 미술 창출의 동향

더 이상 서구를 모방하지 않아도 된다는 일본인들의 자신감에 힘입어 일본 미술의 혁신을 통하여 세계에 통용되는 독자적인 일본의 미술을 만들어 내고, 이를 통하여 세계에 일본의 '미(美)'를 드높이자는 주장이 대두되었다. 일본적 미술의 창출 운동은 서양화 부문보다 일본화 부문에서 먼저 대두되었다. 문부성 관리를 거쳐 도쿄미술학교장이 되었던 오카쿠라 텐신(1862~1913)은 문부성 관리 시절부터 서구의 기술을 일본 미술에 수용하여 세계에 통용될 수 있는 새로운 일본 미술 상품을 만들어야 한다고 주장하였다. 텐신이 도쿄미술학교에서 시도한 일본 미술 개혁은 1898년, 도쿄미술학교장직을 사퇴하면서 창립한 일본 미술원을 중심으로 전개되었다.

일본 미술원은 전통적인 일본 미술과 작가들의 개성을 개발하고 진흥시켜 확립한 메이지 미술을 '국가 이용후생을 위한 하나의 방법'으로 사용되게 하는 것, 즉 메이지 국가에 공헌할 수 있는 미술의 창출을 그 설립 목적으로 하였다. 텐신은 기본적으로는 국수주의에 기초하고 있으나 복고주의자는 아니어서, 서구를 선택적으로 수입하여 이를 일본의 것으로 동화시켜야 한다는 입장을 취하고 있었다. 텐신의 국수주의는 서구화에 대한 무조건적 방어가 아니라, 서구화를 통하여 일본의 전통을 개혁, 발전시켜 세계에 통용되는 미술을 만들어 궁극적으로는 일본에 공헌한다는 생각을 가지고 있었다.

메이지 시대에 걸맞은 새로운 미술 창출을 위한 노력은 일본화 부문에서만이 아니라 서양 미술에서도 일어났다. 1906년 6월 『태양』에서 도쿄미술학교의 서양화과 교수로 재직하던 구로다는 앞으로 일본의 서양 미술이 나아갈 방향에 대하여

> 장래의 미술은 모두 일본적이라는 정신을 잃어버리지 않는 것이다. 유화도 표현 방법만은 서양의 것을 빌려오더라도 정신에 있어서는 어디까지나 일본적인 것을 잃어버리지 않도록 하고 싶다. 이와 같이 일본적인 것을 잃어버리지 않는 미술의 성립은 오늘날과 같은 더딘 진보와 미약한 활동으로는 쉽게 기대하기 어렵다.

라고 주장한다. 구로다는 앞으로의 일본 미술의 과제가 "일본적이라는 정신을 잃어버리지 않는 미술"을 창출하는 것에 있다고 역설한다. 그것은 서양화가 비록 서양의 재료를 갖고 그린 "서양풍의 그림"이지만, 정신적인 면에서 일본적인 것을 잃지 않는다면 서양화도 일본 미술이 될 수 있다는 주장이다. 구로다의 이 같은 주장은 1896년의 도쿄미술학교 취임 당시 석고, 인체 사생, 해부학, 역사화 등을 중심으로 한 미술 교육 방침을 제시하고, 서양 미술의 이론에 근거한 교육의 중요성을 논했던

것을 생각해 볼 때 너무나 커다란 변화라 할 수 있다.

일본 정신이 표현된 미술 창출이 필요하다는 구로다의 주장은 러일전쟁에서 승리를 거둔 직후에 개최된 문부성미술전람회(이후 문전이라 약칭)를 전후로 극대화되었다는 점에서 더욱 분명해진다. 일본은 러일전쟁 후 세계화보다는 민족의식의 고양과 자국의 문화에 대한 자긍심 고취에 주력하면서 제국주의 국가로서의 길을 본격적으로 걷기 시작했다. 그러한 것을 생각할 때, 구로다의 주장이 일본 정신의 부활을 통하여 일본 국민을 통합하려 했던 메이지 정부의 방침에 부응하는 결과임을 부정할 수는 없을 것이다.

구로다가 "일본적 정신"이 표현된 미술 창출이라는 주장을 한 데에는 아마도 1906년 6월 8일의 문전(文展) 개최가 중요한 요인으로 작용하였을 것이다. 정부 주최로 미술전람회가 개최된다는 것은 단순히 정부가 미술을 장려한다는 의미를 넘어, 미술을 국가적 차원에서 관리한다는 의미를 지니는 것이다. 이것은 문전의 개최를 요구하던 구로다도 이미 인식하고 있었던 바였다. 1903년 12월 29일자 「중앙신문」에 구로다는 문전의 필요성을 피력하며 다음과 같이 주장하였다. "정부에 의한 미술전람회의 개최로 미술의 장려와 발전에 대한 일본 정부의 방침이 확인되었으며, 이것은 질서 있는 발전을 하게 되는 필연적인 결과"라며, 정부에 의한 전람회 개최로 일본 미술의 발전을 꾀할 수 있을 거라고 전망하였다. 여기서 중요한 것은 구로다의 다음 발언이다. 그는 "일본인의 취향에 적합하고, 일본에 근거를 두면서 서양인에게 칭송 받을 수 있는" 미술품의 제작을 위하여 "정부에 의한 미술계의 통치를 원한다."는 주장을 하고 있다. 다시 말하면 구로다의 문전 개최 요구는 "일본인의 취향에 적합"하면서도 세계적으로 인정받을 수 있는 일본 미술을 창출하고 이를 위하여 정부가 미술계 전반을 지휘, 감독하는 기관을 정부 산하에 설치해야 한다는 것이다. 이러한 주장은 화가 한 개인의 생각이라고 보기에는 너무나 관료적인 발상이라고 아니할 수 없다.

당시 구로다가 문부성에서 벌이는 다양한 미술 사업에 참여하고 있었다는 것, 그리고 사회적으로는 러일전쟁에서의 승리로 인해 민족의식이 고양되었다는 것이 구로다가 그 같은 주장을 하는 데 중요한 배경이 되었을 것이다. 이는 "러시아와 싸워 이긴 우리 국민이 미술의 적과 싸우지 못할 이유가 없다. 정부의 힘을 빌려 필요한 준비만 갖춘다면 세계의 미술 경쟁의 장에서 필히 승리의 깃발을 꽂을 수 있을 것"이라는 구로다의 발언에 잘 나타나고 있다. 열강 러시아와의 싸움에서 일본이 승리한 것은 일본인에게 절대적 자신감을 가져다주었고 세계 속의 일본을 의식하게 된 중요한 계기였던 것이다.

구로다의 주장은 더욱 노골화되어 갔다. 「백부용」을 제작한 2년 뒤(1911), 『제국미술』에 그는 다음 글을 실었다.

지금 양화라는 것은 일본에서 발달하기 시작한 지 얼마 되지 않아 일본화와는 많은 거리가 있는 것으로 사람들이 생각하고 있고 실제로 그런 것도 사실이지만, 해를 거듭할수록 양화는 서양식에 불과한 일본화가 될 것이다. 우리 세대에는 어려울지 모르나 일본의 유화, 수채화라는 것이 될 것이다. 서양의 것과는 다른 취미의 것이 될 것이다. 방법은 서양의 방법을 따르겠지만, 사상과 표현 방법의 취미에 있어서 순수한 서양식과는 다른 것이 발달할 것이다. (중략) 사상이 일본적이라는 것은 양화로도 충분히 가능하다.

"일본적 정신"이 반영된 미술 창출에 대한 1906년의 구로다의 주장은 이제 일본의 서양화가 비록 서양의 방법을 사용하고 있기는 하지만, 사상과 표현 방법, 취미가 일본적인 것으로 채워진다면 일본적인 양화도 가능할 것이라는 얘기다. 구로다의 이 같은 발언은 서양 미술의 방법론을 차용하는 것은 어쩔 수 없지만 내용적인 면에서는 일본적인 것으로 변용시켜 일본의 독특한 서양화를 만들어 내자는 주장으로, 미술이 이와 같은 작업을 행하기 위해서는 국가가 미술 제반에 관여해야만 가능하다는 것이다. 더 이상 서구 미술의 기수로서의 구로다의 모습을 찾아보기는 어려우며, '일본적' 사상이라는 것을 강하게 의식하고 있음을 알 수 있다.

서양화를 일본화(日本化)하는 문제는 구로다에 의해 결성되었던 미술 단체 하쿠바회에서도 본격적으로 논의되었다. 하쿠바회의 회원, 사카이 사이수이는 1908년 12월 『광풍』에서 "서구 모방의 시대는 이미 지나갔고, 자각의 시대는 조금씩

성숙되어 가고 있다. 이제부터는 일본인의 서양화 – 서양풍의 재료를 가지고도 일본 고유의 그림을 대성시킬 수 있을 것"이라며 더 이상 일본의 서양화는 서양의 모방이 아닌 서양의 기법을 "일본인의 취향"에 맞게 바꾸어 일본 고유의 서양화가 되어야 할 단계에 와 있다고 주장하였다. 하쿠바회 회원 대부분이 도쿄미술학교 교원이었다는 것을 감안하여 볼 때, 그들의 이러한 생각이 도쿄미술학교 교육에 반영되는 것은 너무나 당연한 일일 것이다.

같은 하쿠바회 회원이며 도쿄미술학교 교수인 이와쿠라 도오루(1870~1917)는 1910년 「시사신문」에서 구로다의 화풍에 대해 다음과 같은 견해를 피력하였다.

가끔씩 보는 구로다 군과 와다 군 등이 그린 것은 아주 그을린 듯이 소박하고 담백하다. 유채화로 그렸다는 것이 의심스러울 정도로 인물이나 풍경, 그 어느 것도 일본식 방의 장식으로 어색해 보이지 않는다. (중략) 비, 눈, 바람, 안개 등은 우리들에게는 아주 좋은 시제이며 화제로 감흥의 원천이 된다. (중략) 프랑스 미술 계통이 앞으로 일본에서 본국과 동일하게 원만히 발전한다는 것에는 의심이 가지 않을 수 없다. 이와 동시에 일본인 본래의 성정에 적합한 풍경화가 일반인들의 취향에 맞고, 장식 미술로서 대부분을 점유하게 될 것이라고 본다.

이와무라는 구로다의 그림이 일본식 방과 매우 잘 어울리는데, 그것은 구로다의 작품이 주로 '비, 눈, 바람, 안개' 등 일본의 전통시인 와카[和歌]에서 주로 사용하는 소재로 그림을 제작하였기 때문이라고 보고 있다. 그러면서 일본에서는 인물화보다 풍경화가 더 적합할 것 같다는 지적을 한다.

이런 구로다의 작품 변화에 문학 잡지『팡』을 통하여 구로다와 친밀한 교우 관계를 맺어오던 시인이며 조각가인 다카무라 코타로(1883~1956)나 시인 기노시타 모쿠타로(1885~1945)도 구로다의 화풍이 변화하였다고 지적한다. 코우타로는 1910년 3월, 「프랑스에서 돌아와」라는 글에서 이렇게 서술하고 있다. "구로다, 쿠메, 이와무라 등 하쿠바회 선배님들이 귀국하였을 쯤에, 우리나라 예술계에서 가장 진보적인 서클이 어디냐고 묻는다면 거침없이 이 단체를 말했다."며 하쿠바회가 일본 예술계에 혁신을 가져온 진보적인 단체였다고 평가한 후, "지방색의 가치를 존중하는 사람들이 요즘 미술계에는 너무나 많다. 일본 유화의 운명은 이 일본의 지방색과 어떻게 타협하는가에 달려 있다고 생각하는 사람들도 있는 것 같다. (중략) 구로다 세이키 씨와 같이 스스로 나서서 일본화에 힘쓰고 있는 사람이 있는 것 같다."라며 구로다를 중심으로 한 일본 서양화계가 양화의 '일본화'에 주력하는 현상을 들어 양화가 일본이라는 지방색에 빠지는 것의 위험성에 대하여 경고한다. 코우타로의 눈에는 양화의 일본화가 결코 구로다가 말하는 독자적인 일본 미술의 창조로 이어지는 것이 아니고 국수주의적 일본 정신의 고양을 위해 이용당할 위험성을 내포하고 있는 것으로 비쳤기 때문일 것이다.

같은 해 11월에 모쿠타로도 "서양에서 돌아와 서양스러움을 떨쳐 버리기 위해 구로다 세이키 군이 각고의 노력을 했을 것이라고 생각되지만 구로다 씨가 앞으로 어떻게 '일본의 유화'를 만들어갈 건지가 우리들의 가장 큰 관심거리"라며 구로다의 작품을 바라보는 입장은 코우타로와 다르지만 구로다의 작품이 일본화되었다는 데서는 둘의 견해가 일치하고 있다.

구로다를 중심으로 주창되어온 '일본인의 정신이 표현된 일본 미술 창출'은 단순히 서구 문화를 일본의 전통 문화와 접목시키려는 절충적 이식이 아닌 메이지 시대에 적절한 '정신'을 육성, 발전시키기 위한 노력이었다고 평가할 수도 있다. 하지만 일본적 미술의 창출이 러일전쟁 승리 후 일본의 민족의식 고양과 조선의 식민지화, 그리고 그에 대한 반동으로 격렬해진 사회주의 운동 탄압 등 일본이 제국주의 국가로서의 길을 본격적으로 걷기 시작했을 때 일어났다는 것은 간과하고 넘어갈 수 없는 중요한 의미를 지니고 있는 것이다. 이런 움직임을 서양 미술 전통이 부재한 일본인 서양화가로서 서양화를 단순히 모방하는 차원에서 벗어나 자기만의 독특한 예술 세계를 구현하고자 하는 적극적인 노력의 일환으로 평가할 수도 있다. 하지만 일본적 서양화의 창출이 메이지 시대에 걸맞은 새로운 서양화를 만들어 일본이라는 새로운 토양에 서양화의 뿌리를 내려보려는 구로다의 화가로서의 소박한 희망이었다

하더라도, 그것이 일본 정신의 부활을 통하여 일본 국민을 통합하려 했던 메이지 정부의 방침에 부응하는 결과임은 부정할 수 없는 사실이다.

미술을 국가 권력 안으로 끌어들이려는 생각은 구로다의 제자이며 구로다의 뒤를 이어 서양화계의 지도자로 부상한 후지시마에게서 더욱 분명하게 볼 수 있다. 1932년, "서양화나 일본화나 할 것 없이 친화하고 융합하여 더욱더 국가 발전에 공헌하지 않으면 안 된다."며 미술을 국기로 생각했던 후지시마는 미술의 발전이 곧 국력의 발전이며 미술계가 힘을 합하여 국가에 공헌할 것을 촉구하였다. 물론 이 같은 그의 주장이 일본의 만주국 건설이라는 사회적 배경을 고려하여 볼 때, 순수하게 미술사적 시점에서의 발상이었다고 말할 수는 없다. 국가에 봉사하는 미술 창출을 조장하는 후지시마의 사고가 제2차세계대전이 막바지에 다다른 1942년, 현대 일본 미술의 최대 과제는 일본인의 서양화를 만들어내는 것이며, 그것이 "어려운 추상 이론을 제외하고 일본인다운 자각과 정신에 입각하여 국가의 영원한 융성 번영을 상징하는 웅대한 민족미술의 실현"이라는 사상으로 발전하게 된 것은 너무나 자명한 결과였던 것이다.

이와 같이 1900년대 미술계에 불었던 '일본적 미술의 창출' 운동은 천황제 국가를 지탱하기 위한 일본 정신의 부활, 즉 황국신민 교육의 일환으로 사용될 운명에 처하는 것을 피할 수 없었다.

문부성미술전람회 개최와 나체화

일본 미술의 발전을 위하여 필요불가결하다는 문전이 1907년 개최된 이후 나체 미술에 대한 대우는 어떻게 개선되었을까? 앞에서 살펴보았던 것처럼 제1회 문전에 출품된 구로다의 「백부용」에 대하여는 여론도 대체로 호의적이었다. 하지만 나체 미술에 대한 정부의 통제가 다음 해부터 곧 다시 발동되어 나체 미술만을 모아 예전처럼 특별실에서 전시하였다. 문전이 나체 미술품 전시 문제로 시끄러워진 것은 제8회(1914년) 문전에서였다. 경시청이 나체 작품에 대한 촬영금지 처분을 통고함으로써 문제는 불거졌다. 촬영금지 처분을 받은 조각가 기타무라 시카이는 다음 해 11월 『미술신보』에 "심사원이 불공정하다는 것은 늘 듣는 이야기지만 이래 가지고는 불공평한 것이 당연하다고 생각한다."며 심사위원의 불공정함을 토로하였다. 제10회 문전에서는 나체 작품의 촬영금지 처분이 철회되었지만, 사진을 기재할 수 있는 것은 문부성이 출간하는 문전 도판을 비롯하여 몇몇 전문 잡지로 제한하였다. 이러한 경시청의 처분에 대하여 서양회화 부문 심사위원이었던 구로다는 "이번의 나체 문제에 대하여 처음으로 난폭한 명령이 내려졌다고 전해졌지만 자세하게 들어보니까 실제로 그런 것은 아니고 너무나 온당한 이야기 같았다. (중략) 우리들도 어떤 누드라도 미술품이라는 가면만 쓰면 조금도 풍기를 손상시키지 않는다고는 말할 수 없다."며 오히려 처분의 정당성을 비호하고 나섰다.

「아침화장」 전시 이후 하쿠바회전람회를 통하여 서양 미술의 기본에 누드가 있다는 것을 일본에 알리기 위해 노력한 구로다의 발언이라고는 믿기 어려운 발언이었다. 한편, 문전의 심사의원이면서 「유아미(ゆあみ)」라는 나체 조각을 출품하였던 신카이 타케타로는 문전 출범 이후 나체 미술 작품에 대한 일련의 조치를 회고하며 1916년, 『미술신보』에 다음과 같은 견해를 피력하였다.

　　음부는 노출하지 않았지만 이번에는 경찰에서 별다른 이야기가 없었는데 거꾸로 내부에서 이것에 대하여 말하는 사람이 있는 듯하다. 제2회 때에는 아사쿠라 군의 「어둠」이라는 제목의 남자 나체와 나의 두 명의 여자 나체에 대하여 간섭하였는데 남자는 음경을 절단하고 끝냈지만, 여자 경우 두꺼운 종이로 나뭇잎 모양을 오려 핀으로 고정시키고 그 위에 하얗게 칠해도 보았지만 거꾸로 눈에 띄는 결과가 되어 그것들을 특별실에 넣었다. (중략) 음경을 절단한다거나 여자의 음부를 나뭇잎으로 가리는 참으로 우스운 일도 벌어졌던 것이다. 제3회에는 이시카와 군의 「선발(髮洗)」 석 점이 또 다시 특별실에 집어넣어졌다. 그 후 제4회에서 7회까지는 나체 작품에 대한 간섭이 없었던 것 같다. 제8회에는 (중략) 열 점에 대한 사진 촬영이 금지되었다. 그리고 이번에는 대부분의 조각에 대한 촬영을 금지하였다.

신카이의 글을 통하여 문전이 시행되면서 나체 미술에 대한 정부의 간섭이 점점 그 강도를 더해간다는 것을 알 수 있다. 그런데 그의 글에서 흥미로운 것은 이전에는 풍기를 문란하게 한다는 이유로 경찰이 제재하였지만 이제는 문전을 주최하는 문부성에서 직접 나서서 나체 미술에 대한 제재를 하고 있다는 것이다. 이러한 조치가 구로다가 말하는 문전 개최를 통한 일본 미술 발전이었는지는 모르지만 신카이의 지적처럼 "조각의 취미 보급에 저해를 가져오는 처분"이라는 것은 분명한 것 같다.

　나체 미술에 대한 한바탕 소동에도 불구하고 다음 해 문전(1917)에서도 나체 미술 촬영 금지 조치는 여전했다. 아사쿠라 후미오는 일련의 조치에 대해 "이번 문전에서 나의 작품이 전시 금지되었다. (중략) 20년 동안 쌓아온 나체미 연구도, 문부성 관할의 미술학교에서 왕성하게 행해지는 나체 연구도 쇠퇴와 모순이라는 한심한 결과를 볼 것이 뻔하다."고 비판했다. 문부성이 관할하고 있는 도쿄미술학교에서 버젓이 인체 데생을 하고 있는데도 문전에서 나체 미술 작품의 전시를 금지하는 것은 모순된 태도라 아니할 수 없다는 지적이다. 아사쿠라는 1919년 제국미술원이 창설될 때, "나체화 문제나 미술학교, 미술관 문제가 우리들을 힘들게 한다."고 토로하였다.

　나아가 문전은 나체 미술 작품을 전시, 게재하는 데 대한 검열의 수준을 넘어 작품의 성향에까지 간섭하고 나섰다. 이 문제에 대해 1917년 구로다는 다음과 같이 발언하였다.

감사·심사 방침이라 해야 할 것이 문부대신으로부터 내려왔다. (중략) 이 방침을 대충 이야기하자면 조잡한 작품이라든지 새로운 시도를 하는, 소위 평가도 좋지 않고 일류라고 인정하기도 어려운 실험적인 작품이나 문전에 진열할 자격이 없다고 판단되는 것은 심사에서 제외시키라는 것이다. 아주 단순하게 말하자면, 이는 감사·심사하는 데에 있어 아주 중요한 일이다. (중략) 우리들이 배워야 할 점은 고전이나 후기 인상파 양쪽 모두에 들어 있겠지만 형식상으로는 어느 쪽도 절대적이라 말할 수 없다. 특히, 외국에서 일고 있는 각종 유파에는 그들의 이론이 들어 있다. 그 이론들은 모두 감복할 만한 것이지만 그렇다고 그 이론 그대로를 우리들의 제작 헌법으로 추앙할 필요는 없을 것이다.

문전의 심사위원이었던 구로다는 문부대신으로부터 실험적인 작품, 일류라고 인정하기 어려운 작품은 심사에서 제외시키라는 요구를 받았다며 문전의 심사 기준에 대해 설명하였다. 요점은 유럽에서 새롭게 태동한 유파의 이론을 받아들인 작품은 물론이거니와 고전적인 작품이라고 하여도 문전이 무조건 수용할 수는 없다는 것이었다. 여기에서, 구미 유학을 다녀온 일본인 미술가들 사이에 당시 유럽에서 유행하던 야수파, 입체파 등의 화풍이 유입되었고 문전에도 이런 화풍의 작품이 출품되었지만, 문전에서는 서양의 새로운 화풍은 수용할 수 없다는 배타적인 태도를 취하였다는 사실을 엿볼 수 있다.

이러한 문전의 심사 방침에 비판의 목소리가 높아지는 것은 너무나 당연한 일이었다. 이러한 비판에 대하여 구로다는 1917년 11월, 『미즈에』라는 미술 잡지에서

　　낙선하면 자신만 억울하다는 마음이 들고, 원래부터 가지고 있는 자부심에서 반성하려는 마음도 잊어버리고 결국 심사위원에 대한 불평으로 이어지는데, 이것은 학생으로서는 너무나 유감스러운 일이 아닐 수 없다. (중략) 문전에서의 심사위원의 심사가 불확실하다고 하지만 한 개인이 하는 것이 아니고 어쨌든 다수의 심사위원이 모여 진정으로 공평한 비교 연구를 한 뒤에 판단한 것이므로 우선 상당히 공평한 판단이 내려졌다고 보지 않으면 안 된다.

라며 문전 심사가 공정하게 이루어지고 있음을 강조하였다. 이와 같이 문전은 많은 잡음 속에 이루어졌고 급기야 미술가들이 심사를 대거 거부하는 사태가 빚어지기도 하였다.

　　문전 개최와 그 이후 미술기관의 설립으로 예술가들의 지위 상승과 교육 기회의 확대를 가져올 수 있었지만, 그 대신 예술가로서의 창조성과 자율성조차도 국가에 의하여 통제받아야 했던 것이다. 이렇게 정부가 문예보호진흥이라는 명목으로 예술 통합에 나서자 나츠메 소세키(1867~1916)는 다음과 같은 우려의 심정을 드러냈다.

정부가 국가적 사업의 일단으로 문예를 보호 장려하려 함은 문명의 강국자로서 당연한 처사일 것이다. 그렇지만 문예원을 설립하는 것으로 쉽사리 그 목적이 달성되리라 생각하는 것은 마치 과수원의 재배자가 무엇보다 중요한 토양의 문제는 도외시하고 자기가 원하는 가지만을 봉지로 싸서 소중하게 보관하는 것과 다를 바 없다.

당시 소세키는 그에게 정부가 박사학위를 수여하겠다는 것을 국가로부터 자신의 문학을 인정받고 싶지 않다며 학위수여를 거부하여 화제가 되기도 하였다. 그것은 정부에 의한 문예 보호 장려가 자유로운 예술 창작을 위한 것이 아니고 국가가 원하는 예술만을 장려하기 위한 것이라고 보고 있었기 때문이다. 소세키의 예측대로 일본의 문예는 제도화를 통하여 사상적 통제를 한층 강화하여 나갔던 것이다.

이러한 정부의 통제 속에서 나체 미술은 그 이전보다 더욱 설 자리를 잃어가는 듯하였고, 문전에 출품되는 작품도 적당히 풍경과 인물이 어우러진 작품이나 이국적 정취를 풍기는 외국 풍경을 묘사한 작품들로 채워졌다.

여전히 나체 미술에 대한 정부의 제지가 엄격하게 이루어진 1916년, 조선인 유학생 하나가 당당히 나체화를 문전에 출품하여 특상을 받았다는 사실은 매우 흥미로운 일이 아닐 수 없다. 이 조선인 유학생의 나체화 제작 배경과 그 의의에 대하여 살펴보기로 하자.

한국 땅을 처음 밟은 나체화

　한국에서의 서양 미술의 유입은 주지하다시피 지배국인 일본의 식민통치 하에서였다. 물론 그 이전에 서양 미술을 전혀 접할 수 없었던 것은 아니다. 조선 말기, 청나라에 사신으로 갔던 사람들이 외국인 선교사들을 통하여 서양 미술을 처음 접하기도 하였고, 조선에 와서 활동하던 외국인 화가들도 아주 극소수이기는 하지만 존재하였다. 서양 미술의 장을 연 최초의 서양화가는 1915년 도쿄미술학교를 졸업한 고희동(1886~1965)이었다.

　이는 메이지유신 이후 메이지 정부의 서구화 정책에 힘입어 일본인들이 서양 미술을 공부하기 위하여 프랑스나 이탈리아, 독일 등 구미로 유학을 떠났던 것과는 무척 대조적인 현상이라 할 수 있다. 한국 근대 서양 미술가들의 대부분이 해외유학파 일본 미술가들로부터 서양 미술을 사사받음으로써 일본인에 의해 재해석된 서양 미술은 자연스럽게 한국 근대 미술로 이어진다. 거기에 1921년 일본의 문전을 그대로 모방한 조선미술전람회(이후 선전)의 창설로 한국 근대 미술은 완전히 일본의 영향 하에 놓이게 되었다.

그로 인하여 근대 한국에는 제대로 된 서양 미술이 정착하기 어려웠다. 서양이 아니라 같은 아시아 국가인 일본에서 서양 미술이 유입되었다는 사실이 문제시되는 것은 아니다. 일본이 서양 미술을 과학기술 또는 근대의 상징으로 수용하면서 서양 미술의 본질이 제대로 일본에 소개되지 못하였다는 점, 청일전쟁과 러일전쟁의 승리로 고양된 내셔널리즘의 영향으로 일본 민족의 정서를 살린 새로운 '일본 미술'을 창출해야 한다는 주장이 일본화, 서양화 할 것 없이 당시 일본 미술계를 주도했다는 점 등이 문제인 것이다.

일본의 서양 미술이 보여준 혼란은 일본 미술가들이 본 서양의 모습이기도 하였다. 19세기 후반 서양 미술계에서는, 표현양식과 주제가 크게 변화하는 가운데 르네상스로부터 계승된 미학을 고수하는 아카데미즘에 반기를 든 새로운 화풍이 등장하면서 아카데미즘도 변화를 요구당하고 있었다. 서양 문명에 막 눈을 뜬 일본인 유학생들은 그 변화의 물결 한가운데에 서 있었을 것이고, 따라서 그들이 상당한 혼란을 느꼈으리라는 점은 미루어 짐작할 수 있다. 이러한 상황을 감안할 때,

조선인 유학생들이 일본인들로부터 정통 서양 미술을 배우기는 어려웠을 것이라는 점은 너무나 자명하다.

한국에 누드가 상륙하던 날

서양 미술 수용에 적극적인 태도를 취한 일본에서조차도 심한 거부 반응을 일으킨 누드가 어떻게 우리나라에 소개되었던 것일까? 한국 최초의 나체화는 도쿄미술학교에 유학중이던 김관호(金觀鎬, 1890~1959)의 「해질녘」이라는 작품이었다. 김관호는 평양 부호의 아들로 태어나 서울에서 중학교를 졸업하고 1908년 9월 일본으로 건너가 메이지학원을 거쳐 1911년 9월 도쿄미술학교 서양화과 선과생(본과에 입학하기 위한 예비과)으로 입학하여 고희동에 이어 두 번째로 한국에서 서양화가가 된 인물이었다.

당시 조선은 고희동을 제외하고는 서양 미술을 전공하는 사람이 전무한 상태로, 일반인들에게 서양 미술에 대한 지식이 있을 리 만무하였다. 그런 상황에서 1916년 3월, 일본에서 사람들을 들뜨게 하는 소식 하나가 날아왔다. 조선인 유학생 김관호가 도쿄미술학교 수석졸업에 이어 문전에서 특선을 수상하였다는 소식이 전해지면서 「매일신보」(4월 2일)는 곧바로 수상 당사자인 김관호에 대해 다음과 같은 기사를 실었다.

졸업 그림은 벌거벗은 부인들이 뒤를 향한 모양인데 매

우 잘되었다고 졸업식 당일에 내빈과 교사에게 비상한 칭찬을 받았더라. (중략) 졸업 그림은 고향 평양에서 붓을 잡았는데 모본 될 사람도 없고 광선은 마음에 맞지 않이 하야 생각되로 그렸습니다. 고향나라 조선에 있는 바 일본화와 양화를 혼합한 듯한 조선화는 이름 있는 화가가 3,4인 있으나 대체로 떨치지 않이 합니다.

「매일신보」는 작품을 직접 보지 못하고 소식만 접하였기 때문에 작품에 대하여는 수상자 김관호의 설명으로 대신하였다. 일본에서 문전을 직접 관람할 기회를 가진 이광수는 「매일신보」에 4회에 걸쳐 '문전 전람회기'를 연재하면서 김관호를 "조선인을 대표하여 조선인의 미술적 천재를 세계에 표"하였다고 극찬하였다. 한일병합으로 억울하게 나라를 빼앗긴 설움과 울분으로 하루하루를 보내야 하는 조선에서 일본인을 누르고 조선인이 특선을 차지하였다는 소식은 참으로 가슴 벅찬 일이 아닐 수 없었다. 이 작품을 가지고 김관호가 1916년 고향땅을 밟았을 때 대부분의 신문 내용은 일본인을 눌렀다는 감격으로 넘쳐났지만, 정작 작품에 대해 관심을 보이는 기사는 거의 전무하다시피 하였다.

더군다나 총독부가 '나체 부인을 모델'로 했다는 이유로 일반 공개는 물론이고 신문에 게재하는 것조차 금지시킴으로써 나체화 논쟁이 일어날 기회조차 가질 수 없었다. 총독부의 이 조치는 유교적 도덕관을 강하게 가지고 있는 조선인의 정서를 고려한 것이라는 평가도 있지만, 앞서 살펴보았듯이 나체화의 일반 공개나 신문 게재는 문전에서도 금지되었던 일로 굳이 조선인의 정서를 고려한 조치였다고 보기는 어렵다.

김관호 이후, 누드는 1921년 총독부가 주최한 조선미술전 람회에서 전시가 가능했지만 누드에 대한 선지식이 없는 일반 대중들이 풍습을 해칠 수 있다는 이유에서 신문 게재는 여전히 불가능하였다. 이러한 조치는 해방 이후에도 이어져 김흥수의 「나부군상」은 국전 수상작임에도 불구하고 풍기문란하다는 이유로 전시장에 전시조차 할 수 없었다. 이처럼 누드는 아주 오랫동안 마찰을 빚어야 했다.

김관호와 구로다

김관호의 「해질녘」은 그의 졸업 작품이었다. 당시 도쿄미술학교에서는 졸업 작품으로 자신의 자화상과 작품 하나를 제출하도록 되어 있었는데, 「해질녘」은 바로 김관호의 졸업 작품이었다. 이 작품으로 김관호는 조선인으로는 처음으로 수석 졸업과 제10회 문전에서 특선이라는 영예까지 얻을 수 있었다. 제10회 문전에서 특선을 받은 사람은 총 9명으로 김관호도 그 중 하나였다. 그런데 당시 서양화 부문의 심사 책임자는 나체화 옹호론을 펼쳤던 모리 오우가이였고, 심사위원은 구로다 세이키를 비롯한 오카다 사부로, 와다 에이사쿠 등 도쿄미술학교 교수이거나 구로다가 운영하는 하쿠바회 출신 회원이

좌 - 김관호, 「해질녘」, 1915.
우 - 퓌비 드 샤반느, 「해변의 소녀」, 1879.

7명, 그 외 2명으로 구성되었다. 문전에서 특선을 수상한 수상자의 대부분이 구로다에게 사사받은 경험이 있는 도쿄미술학교 출신으로 채워졌다는 사실만 보아도 실질적으로 문전을 주관하는 것이 도쿄미술학교임을 알 수 있다. 특히 도쿄미술학교 교장은 문부성 관료 출신인 마사키 나오히코였으나 실질적으로 이 학교의 운영은 구로다 세이키에 의하여 좌우된다 하여도 과언이 아닐 정도였다. 이는 다시 말하면 일본의 미술아카데미가 구로다에 의해 형성되었다는 것을 의미한다. 조선인 유학생인 김관호가 구로다의 영향권 하에 있었으리라는 것은 너무나 자명한 일이었다.

이는 김관호의 수상작인 「해질녘」에서도 찾아볼 수 있다. 고향인 평양에서 구상하였지만 모델도 없고 광선도 마음에 들지 않아 결국 '생각나는 대로' 그렸다고 김관호는 토로하고 있지만, 물가에서 목욕하는 여인의 모티브는 아카데미의 나부상에서 흔히 보이는 주제로, 특히 뒤돌아서서 목욕을 하거나 머리를 빗는 나부상은 19세기 프랑스 화가들의 작품에서 어렵지 않게 볼 수 있는 주제였다. 그 중에서도 「해질녘」은 프랑스 아카데미의 거장 피에르 퓌비 드 샤반느(Pierre Puvis de Chavannes 1824~1898)의 「해변의 소녀」에 영향을 받은 것으로 추정하고 있다. 샤반느를 일본에 처음 소개한 사람은 다름 아닌 구로다였으며, 샤반느의 조언을 받아 제작한 그의 출세작인 「아침화장」도 샤반느의 「해변의 소녀」를 모방한 작품이다. 이렇게 살펴볼 때, 김관호의 「해질녘」이야말로 구로다의 가르침을 충실히 이행한 모범답안지라 할 수 있을 것이다.

하지만 「해질녘」의 두 나부의 모습은 김관호가 누드에 대해 확신을 가지고 있지 못함을 보여주고 있다. 누군가 「해질녘」을 보고 '수줍게 뒤돌아선 나부'라 불렀던 것처럼 그림 속의 두 여인은 전혀 당당하지 못하다. 낯선 남자 앞에서 옷을 벗고 서 있는 모델의 부끄러움이 그대로 화면에 드러나고 있는데다, 오른쪽의 머리 감는 나부의 포즈가 너무 리얼하여 관객은 목욕을 하는 여인들을 몰래 훔쳐보는 느낌을 갖게 된다. 이는 구로다의 「아침화장」과 비슷한 것으로 이 두 작품 속의 나부는 미의 전형으로서 표현되었다기보다는 현실 여인들의 벗은 모습에 가깝다고 할 수 있다.

이를 통해 김관호도 구로다와 마찬가지로 누드에 대한 이론적 배경 없이 19세기 프랑스에서 유행하던 에로틱한 여성 누드를 답습하였다는 것을 알 수 있다. 이는 김관호가 귀국 후 제작한 「호수」에서도 역력히 드러난다. 구도는 반 존즈의 「인어공주」를 연상시키지만 「호수」의 나부는 바닷가에 뒤돌아 고개를 떨구고 앉아 있는 모습으로 묘사되었다. 그 이후에는 선전에서 인물화, 풍경화, 정물화 다음으로 누드가 제작될 만큼 누드 제작이 활발해졌다. 이렇듯 누드는 선전을 통하여 한국 땅에 자리를 잡아나갔는데, 구로다를 비롯하여 도쿄미술학교 교수로 심사위원이 채워진 선전은 그야말로 문전의 축소판이었다. 이는 아카데믹한 나부로 선전에서 여러 번 수상한 도쿄미술학교 출신인 김인승의 작품에서도 잘 나타나고 있다. 김관호의 작품보다 훨씬 서구적인 느낌이 풍기는 그의 누드는 여성의 관능미 표현이 두드러진다. 그 후로도 한국의 누드는 누워 있거나 뒤돌아 있는 아카데미의 습작과 같은 나부들이 주류를 이루었는데, 후기 인상파의 영향을 받은 구본웅의 출현으로 한국의 누드는 상당한 변화를 보인다. 여전히 누드에 대한 부정적인 인식이 지배적이었던 상황에서, 한국 서양화가들의 누드 제작은 기존 동양화와의 차별성을 보여주는 장르이자 일부 호기심에 찬 미술 애호가(?)의 눈요기 욕구를 충족시켜주는 벗은 여인의 그림에 불과하였던 것이다.

누드의 사회적 의미

아시아에서 가장 먼저 서구 제국주의 근대적 제도를 모방한 일본은 청일전쟁과 러일전쟁을 거치면서 제국주의 국가로

발돋움하였다. 근대화와 서구 문명화가 최고의 가치로 숭앙되던 메이지 시대에 서양 미술과 함께 유입된 누드는 일본 근대화의 상징이었다. 누드는 구로다의 주장처럼 절대적으로 신성한 미(美)이며, 누드를 부정하는 행위는 미를 모르는 무식의 소치이자 서구화를 추구하는 정책에도 반하는 것이었다. 이러한 서구화 지상주의적인 사고는 식민국이었던 한국에 그대로 영향을 주었다. 프랑스의 문화적 통치를 흉내 낸 일본은 선전을 통해 일본의 화풍을 유입시켰고 이 과정에서 누드가 소개되었다. 한국의 전통적 가치관과 마찰을 빚을 수밖에 없었지만, 서양의 근대화를 강요당하는 조선에서 누드는 부정할 수 없는 근대화의 수용과도 같은 것이었다. 하지만 일본에서처럼 무지몽매한 민중이 관람하기에는 너무 자극적인 것으로 치부되어 일부 특권 계층의 사람들에게만 공개되었다. 왜 누드를 그려야 하는가라는 담론조차 형성되지 못한 채 '순수 미'라는 허울로 포장되었지만 대부분 남성의 성적 호기심을 자극하는 여성 누드 일변도였으며, 여성 누드가 유미주의와 연결되면서 화가들은 현실 비판 능력을 상실하였다. 와카쿠와 미도리의 지적처럼 누드는 가장 비정치적으로 보이면서도 가장 정치적인 테마였던 것이다. 이는 선전이 시작된 1920년대 조선에 예술지상주의의 바람이 강타했던 것과 무관하지 않을 것이다.

참고문헌

Giorgio Vasari, "Lives of The Most Eminent Panintings", *Sculptures and Architects* Vol. I–V, tr. by Mrs. Jonathan Foster, Bohn's Standard, London, 1881.

『美術園』第1号-第19号(1899年2月~1890年5月)

『明星』第1号-申歳10号(1900年4月~1908年11月)

『美術評論』第1号-第25号(1897年11月~1900年3月)

『美術新報』第1号-第298号(1902年3月~1919年12月)

『光風』第1号から第4年第2号(1905年~1908年12月)

吉岡芳陵,『美術講話』, 白馬會繪畫研究所, 1904.

石井柏亭,『岩波講座日本文学 第8券 日本に於ける洋風畫の沿革』, 岩波書店, 1932.

『漱石全集』, 岩波書店, 1957.

『高村光太郎全集』第4巻, 筑摩書房, 1957.

『黒田清輝日記』, 中央公論美術出版, 1967.

芳賀徹,『芸術の日本』, 美術公論社, 1981.

藤島武二,『藝術のエスプリ』, 中央公論美術出版, 1982.

石井柏亭,『日本絵画三代志』, ペリカン社, 1983.

三輪英夫編,『方眼美術論』, 中央公論美術出版, 1984.

外山卯三郎,『日本洋画史』第2巻, 日貿出版社, 1979.

惣郷正明,『明治のことば辞典』, 東京堂出版, 1986.

勅使河原純,『裸体画の黎明 黒田清輝と明治のヌード』, 日本経済新聞社, 1986.

北沢憲昭,『目の神殿』, 美術出版社, 1989.

高階秀爾,「黒田清輝」『日本近代美術史論』, 講談社, 1990.

匠秀夫,『日本の近代美術と西洋』, 沖積舎, 1991.

日本美術院百年史編集委員會,『日本美術院百年史』第4巻, 財團法人日本美術院, 1994.

일본 누드 문화사

초판인쇄 2005년 7월 10일 | 초판발행 2005년 7월 15일
지은이 최유경
펴낸이 심만수 | 펴낸곳 (주)살림출판사
주소 110-847 서울시 종로구 평창동 358-1
출판등록 1989년 11월 1일 제9-210호
전화번호 영업·(02)379-4925~6   기획·(02)396-4291~3
　　　　　편집·(02)394-3451~2
팩스 (02)379-4724
e-mail salleem@chollian.net
홈페이지 http://www.sallimbooks.com

값 3,300원